Los 88 Peldaños de la Gente Feliz

Empresa y Talento

Anxo Pérez Rodríguez

Los 88 Peldaños de la Gente Feliz

El método n.º 1 para conquistar el Éxito Interior

alienta
EDITORIAL

Alienta, un sello editorial de Centro Libros PAPF, S. L. U.
Avda. Diagonal, 662-664, 08034 Barcelona (España)
www.alientaeditorial.com
www.planetadelibros.com

Adaptación de la cubierta: Booket / Área Editorial Grupo Planeta a partir de la idea original de © Rubén Martín Rubio. Alma Digital
Fotografía de la cubierta: © Luis Malibrán
Primera edición en Colección Booket: enero de 2022
Primera edición en esta presentación: enero de 2025

Depósito legal: B. 20.142-2024
ISBN: 978-84-1344-381-2
Impresión y encuadernación: CPI Black Print
Printed in Spain - Impreso en España

Biografía

Anxo Pérez es uno de los emprendedores españoles más singulares. Es la mente creadora de 8Belts.com, el revolucionario método que consigue enseñar un idioma en 8 meses. En tan sólo unos años de vida, la empresa pasó de uno a más de 300 empleados, factura varios millones de euros y ha permitido que más de 50.000 personas hayan aprendido inglés y otros idiomas. Anxo Pérez, que es premio Emprendedores de Deloitte, premio Emprendedor del Año en España, premio por el estado de Ohio a la mejor trayectoria profesional y premio al exalumno del año en la Universidad de Virginia, se ha formado en Estados Unidos, Bélgica y China, ha trabajado para el FBI y en la ONU, ha sido intérprete por TV de Barack Obama, actor de cine y ha protagonizado un largometraje; también ha publicado un disco y ha dado conciertos en nueve países, toca nueve instrumentos musicales, cuenta con cinco titulaciones universitarias y domina nueve idiomas. Es el autor de *Los 88 Peldaños del Éxito* y *La Inteligencia del Éxito*, dos libros que han supuesto una revolución en el campo del desarrollo personal y que se han convertido en bestsellers con más de 200.000 ejemplares vendidos. Fruto de sus éxitos ha concedido más de 700 entrevistas en medios de comunicación y ha impartido más de 400 conferencias en los cinco continentes. Pero, en sus propias palabras: «de nada sirve tener todo el éxito del mundo por fuera si al final estás roto por dentro». A pesar de todos esos éxitos exteriores, Anxo pasó por una profunda crisis que desembocó en un despertar espiritual totalmente inesperado en 2018. Fruto de ello nació su cuarto libro, *Los 88 Peldaños de la Gente Feliz*, su libro más transformador e impactante hasta la fecha.

DEDICATORIA

De: ________________________________

Para: ______________________________

Fecha: _____________________________

Éstos son los Peldaños de Oro que yo te regalo.
Al leerlos pensé en ti.

1.º PELDAÑO NÚMERO __________

2.º PELDAÑO NÚMERO __________

3.º PELDAÑO NÚMERO __________

SUMARIO

INTRODUCCIÓN ESPECIAL - COLECCIÓN «88 PELDAÑOS»

Este libro es parte de una colección, la COLECCIÓN 88 PELDAÑOS, que, de momento, cuenta con tres libros. Tanto el primero, *Los 88 Peldaños del Éxito*, como el segundo, *La Inteligencia del Éxito* se centran en cómo alcanzar el éxito en la vida (de ambos yo recomiendo especialmente el segundo). El tercero, que es el que tienes en tus manos, a diferencia de los otros dos, no se centra en el éxito exterior, sino en el interior, y sus beneficios de cara a la felicidad, la realización y la paz interior son infinitamente mayores. Este libro, *Los 88 Peldaños de la Gente Feliz,* es posible que sea **el libro más importante que leas jamás**. En unas páginas entenderás por qué. Considero que todas las personas deberían leerlo al menos una vez en su vida.

La COLECCIÓN 88 PELDAÑOS se ha convertido en un fenómeno de masas, con cientos de miles de ejemplares vendidos, cuyo éxito nadie se esperaba, incluido yo, y por el que estoy felizmente sorprendido. A menudo en entrevistas me preguntan a qué se debe el éxito que estos tres libros están teniendo y respondo que considero que se debe a tres motivos. El primero, que todos los libros de la colección son de efecto inmediato: pueden ser leídos por la mañana y su contenido aplicado por la tarde. No tienes que esperar a leer 10 Peldaños del libro para por fin llegar a uno que te aporte algo. Todos te ofrecerán una lección impactante desde el Peldaño 1. El segundo, que el formato de los libros es un formato que nunca antes había existido. Es una forma de escribir distinta, rompedora, impactante, muy al grano y con una claridad aplastante. Tengo un principio que dice «complicar es fácil, simplificar es difícil». Para conseguir esa claridad y sencillez en los mensajes, yo, como autor, no conozco otra forma de conseguirlo que invirtiendo una cantidad inmensísima de horas, pero el resultado realmente vale la pena. Y tercero, no hay nada en los libros que yo no haya experimentado previamente. Esto significa que puedo constatar y garantizar los resultados que los tres libros de la colección prometen. No funcionan al noventa por ciento, sino al cien. Y esto ha provocado un boca a boca imparable. Agradezco a los miles y miles de lectores de la colección de todo el mundo por haber puesto en marcha el *Efecto 88 Peldaños*. Gracias de corazón.

Éstas son 8 de las señas de identidad que caracterizan a todos y cada uno de los libros que escribo como parte de la COLECCIÓN 88 PELDAÑOS:

1. Todos los libros de la colección se componen de 88 Peldaños.
2. Cada Peldaño puede leerse de forma aleatoria e independiente.
3. Siempre se incluye antes del índice una página denominada DEDICATORIA, donde al regalar el libro a otra persona puedes dedicarle tus tres Peldaños de oro para él o ella. Éste será su texto:

   «Éstos son los Peldaños de Oro que yo te regalo. Al leerlos pensé en ti.»
4. Todos siguen el mismo formato: título, ilustración, varias máximas resaltadas y una lección del éxito subyacente.

5. Cada libro incluye 88 tuits, uno por Peldaño, para que fotografíes o compartas con el mundo aquellas máximas que más te hayan emocionado a ti.
6. Todos son escritos para ser leídos no una vez, sino una vez todos los años.
7. Una parte de los beneficios que yo obtengo de cada libro la donaré siempre a una causa benéfica que yo he elegido personalmente, por lo que cada compra de un libro que tú realizas está contribuyendo de forma directa a mejorar el mundo.
8. Todos los libros incluyen la Historia de la Pitonisa, por ser el punto de partida de esta colección y por ser un canto a la superación personal. Esta historia representa no sólo mi vida, sino el mensaje principal de la colección.

LA HISTORIA DE LA PITONISA
(incluida y actualizada en cada libro de la colección «88 Peldaños»)

Si a los cuatro años me hubiera encontrado con una pitonisa y me hubiera predicho el futuro, supongo que mis ojos habrían revelado mi incredulidad ante cada una de sus palabras:

—A los cinco años aprenderás a tocar el piano. Luego aprenderás ocho instrumentos más y cantarás.

—¿Cantar?

—Sí. Darás conciertos en varios países, actuarás en televisión y publicarás un disco de música original compuesta por ti.

—¿Seré músico?

—No. A los quince años te irás a vivir a Estados Unidos solo, sin familia ni amigos.

—¿Yo? ¿Solo? ¡Qué miedo!

—Ay, niñito. El miedo muere el mismo día en que te pones en marcha. Te vas a sorprender. Allí trabajarás cortando el césped en residencias de particulares y repartiendo pizzas durante un tiempo para poderte pagar tus estudios universitarios.

—¿Y qué estudiaré?

—Espera. No seas impaciente... Dejarás esos trabajos y sacarás beneficio de tus principales habilidades.

—¿Cuáles?

—Los idiomas y la música.

—Entonces... ¿Seré profesor?

—No exactamente. Lo dejarás para trabajar como intérprete en la policía, luego el Tribunal Supremo de Virginia, después el Senado de los Estados Unidos y finalmente para el FBI.

—¿...El efe qué?

—Dominarás nueve idiomas: español, gallego, inglés, francés, italiano, alemán, portugués, ruso y chino mandarín; y llegarás a ser el traductor simultáneo del presidente de Estados Unidos, Barack Obama, y profesor universitario en la James Madison University de Virginia. Con veinte años serás el primer español en dirigir un coro de música góspel en una iglesia afro-americana estadounidense. Obtendrás cinco titulaciones universitarias en Norteamérica y Centroeuropa, y un premio académico de matemáticas en Estados Unidos. Trabajarás en un proyecto de ayuda al desarrollo económico en la ONU, en Suiza, durante dos años y en ese tiempo te presentarás al casting de un largometraje donde conseguirás el papel principal. Dejarás la ONU por el cine y luego crearás una empresa que generará más de cien puestos de trabajo en sus primeros cuatro años, crecerá más de un 3.000 por ciento, y será portada de todos los periódicos nacionales. Se llamará 8Belts.com y será el primer método a nivel mundial que enseñe un idioma en menos de 8 meses. Como consecuencia de ello recibirás numerosos premios, incluido el premio a la Mejor Trayectoria Profesional por el estado de Ohio en Estados Unidos, al exalumno del año en tu universidad de Virginia y Emprendedor del Año en España.

—Disculpe, creo que se ha equivocado de niño. Yo soy de un pueblo muy pequeño, que se llama Fisterra. Mis padres sólo tienen una tienda y yo apenas hablo el castellano y un poco de gallego. Soy un niño corriente, con una vida corriente y con

una familia corriente. ¿Seguro que este futuro no corresponde a otro?

—No. Es el tuyo.

Lo importante no es cómo de modesta es la salida, sino cómo de triunfante es la llegada.

INTRODUCCIÓN

¿Cuál es el requisito nº 1 para llenar un vaso de agua? ¿Tener el vaso? ¿Tener la jarra? ¿Tener el agua? El requisito número uno para llenar un vaso de agua es...

Que no esté lleno.

Ése es justo el requisito que yo te voy a pedir al leer estos 88 Peldaños. Que tu vaso esté vacío. Y esto implica muchas cosas: que te vacíes de prejuicios, de nociones previas, del apego a creencias erróneas anteriores, de tu deseo a negar lo nuevo y sobre todo a rechazar lo diferente. En definitiva, vaciarse significa predisponerse a crecer, incluso cuando este crecimiento se produzca tomando el camino que tú menos esperabas. Por tanto, te invito a que, si vas a juzgar algo por ti mismo, que sea el resultado final, pero no el camino hasta él.

Piensa no en qué es lo que puede gustarte menos, sino en qué es lo que puede ayudarte más.

Si tú te comprometes a «vaciar tu vaso» ahora mismo a fin de darme toda la receptividad necesaria para empaparte de los 88 tesoros que te vas a encontrar en las páginas venideras, yo me comprometo a llenártelo. Siempre y cuando tu mente esté tan predispuesta a aprender como un vaso vacío a llenarse, puedes estar seguro de que este libro saciará tu sed de revolucionar tu Éxito Interior y con ello tu nivel de felicidad.

A diferencia de mis libros anteriores, éste no se centra en el éxito exterior, sino en el interior, si bien su efecto tendrá un enorme impacto en ambos. Es el resultado de un proceso de desarrollo interior por el que yo iba pasando mientras lo escribía, el cual se produjo de forma casi milagrosa y sin yo buscarlo. Por tanto, está escrito desde la plena humildad, ya que yo lo necesitaba (y necesito) como el que más. *Los 88 Peldaños de la Gente Feliz* **será el único libro que tendrás que leer en toda tu vida para romper la primera barrera de iniciación hacia el Éxito Interior** (y el resto de libros que leas ya serán de perfeccionamiento), pero sólo si tú te encargas de asegurarte de que tu vaso esté vacío, esto es, que estés predispuesto a recibir lo que estoy a punto de contarte, sin prejuicios, sin resistencias y sin rechazo. Ésa es mi única petición hacia ti, y si tú te centras única y exclusivamente en que se cumpla, yo me encargaré de que se produzca algo absolutamente mágico y fascinante: que el contenido de este libro se convierta en el mayor regalo que recibas jamás.

¿Por qué es el contenido de *Los 88 Peldaños de la Gente Feliz* de una importancia tan colosal?

Porque contiene **la fórmula para eliminar cualquier tipo de sufrimiento o amargura de tu vida**, explicada mediante 88 pasos (Peldaños) que juntos representan el secreto nº 1 para una vida feliz.

El único motivo por el que no somos más felices es porque nadie nos había contado el secreto para serlo, dado que las escuelas no enseñan felicidad (aunque deberían). *Los 88 Peldaños de la Gente Feliz* te trae ese secreto, explicado paso a paso y con una claridad aplastante.

Asimismo, este libro te da derecho a una serie de contenidos online adicionales que acompañan al libro de forma gratuita, los cuales yo he creado personalmente. La página que sigue al Peldaño 1 contiene las instrucciones de acceso. Cuando te encuentres ahí, es importante que accedas a la web del contenido.

Te animo igualmente a que no dejes de hacer el test del Peldaño 74 y de alcanzar el **Peldaño 88, ya que es el PELDAÑO MÁS PODEROSO de todo el libro**. Sólo que hay una regla. No puedes leerlo hasta haber leído los 87 Peldaños anteriores, ya que será el premio por haber subido la escalera entera. ¿Cuento contigo? Tanto el 88 como el Peldaño 1 son los dos más impactantes del libro, y es por ello que al leerlos te invitaré a fotografiarlos y compartirlos. Si les ves valor, no dejes de hacerlo.

El libro cuenta con Peldaños de comunicación directa que explican una teoría de manera sencilla con otros en los que la lección se da en forma de fábula. Inevitablemente al ir leyendo Peldaños, te vendrán otras personas a la cabeza a las que estás convencido de que esos Peldaños les vendría genial leer. Cada vez que suceda eso, no dejes de compartir o contar ese Peldaño, ya que hacerlo hará que el que más asimile esa información no será él, sino tú.

Créeme si te digo que cada Peldaño, cada lección, cada historia, cada máxima, cada palabra ha sido elegida de forma exageradamente minuciosa y estratégica para formar un círculo perfecto diseñado para producir el mayor de los impactos en tu Éxito Interior. Y recuerda que el éxito del libro es proporcional a la medida en la que tú mantengas tu vaso vacío, esto es, sin resistencias, por lo que tu predisposición a incorporar sus enseñanzas es tan crucial como las enseñanzas en sí. Igual que para superar retos pequeños no es necesaria una implicación grande, para superar retos grandes no es suficiente una implicación pequeña. Esto significa que no se alcanza la felicidad absoluta tras una lectura del libro, sino tras varias. La buena noticia está en que cada vez que lo relees, creces. Sin excepción. *Los 88 Peldaños de la Gente Feliz* a partir de hoy será tu libro de cabecera. Mantenlo siempre cerca de ti y úsalo como antídoto cada vez que te aceche la amargura. Asume que te acompañará durante el resto de tu vida y toma eso... como un regalo. Igual que si quieres que el efecto de una crema no sea perecedero, tienes que volver a aplicarla, si quieres que el efecto de un buen libro sea duradero, tienes que volver a leerlo.

LIBRO SOLIDARIO

Por último, dado que me considero un gran privilegiado por todos los regalos que la vida me da, he decidido que este libro, al igual que los anteriores, esté ligado a una causa social. Una parte del beneficio que yo obtenga por cada ejemplar vendido irá destinado íntegramente a la **Fundación Iter**, dedicada a la integración de jóvenes en riesgo de exclusión social. Que sepas que con tu compra de este ejemplar ya has contribuido de forma directa y tangible a que el mundo sea un poquito mejor. En mi nombre y en nombre de los chicos y chicas beneficiados: GRACIAS.

Ahora sí. Comienza la aventura. Da rienda suelta a tu emoción y entusiasmo porque va a ser una experiencia transformadora, apasionante y reveladora.

Créeme si te digo que este viaje te va a F-A-S-C-I-N-A-R.

Para obtener el mayor de los fuegos basta con provocar la menor de las chispas.

El fuego representa el gigantesco salto que estás a punto de experimentar como ser humano. La chispa representa... *Los 88 Peldaños de la Gente Feliz.*

1. ¿YO?

YO es un hombre de negocios que, salvando que viaja en primera clase, por su forma de ser podría ser cualquiera de nosotros. Va con el tiempo justo para aterrizar y ser recogido por su chófer para acudir a una reunión muy importante. Por la megafonía del avión indican que un pasajero se está retrasando: «¡¿Un pasajero?! ¿Me van a hacer llegar tarde por un pasajero? ¡Que lo dejen en tierra!», ruge YO enfurecido.

Transcurridos unos minutos, entra acelerada en la aeronave una señora de mediana edad visiblemente agitada. Tras su entrada, la tripulación cierra la compuerta para disponerse al despegue. A YO le puede su furia. «Debería darle vergüenza. ¡Es usted una irresponsable!», le lanza con el mayor de los desprecios. La pasajera agacha la cabeza y sigue caminando hacia su asiento. Unos momentos antes de mandar apagar los teléfonos, YO recibe un mensaje de su hijo con una noticia sobre su mujer. «Papá, justo después de despedirnos de ti en el aeropuerto, mamá sufrió un infarto. Pudo haber sucedido lo peor, pero por suerte alguien que pasaba a nuestro lado resultó ser médico y le salvó la vida. Sólo ha quedado en un susto. Incluso nos hicimos una foto juntos. Mira…», dice el texto.

Y allí estaban sonrientes: su hijo, su mujer, y... «la pasajera irresponsable».

#88PeldañosGenteFeliz
Nunca enjuicies por fuera aquello
que nunca podrás conocer por dentro.
@Anxo

(Si has visto valor al Peldaño, te invito a que lo fotografíes y lo compartas.)

Querido lector:

Mi compromiso con tu éxito va mucho más allá de un libro y es por ello que he decidido crear una serie de regalos extra para que acompañen este libro. Todos pueden encontrarse en el enlace del final.

Primero: un vídeo hecho especialmente para ti, en el que te doy la bienvenida, te explico cómo funciona el libro y te cuento cómo sacar el mayor partido a su lectura.

Segundo: un **contenido adicional** (valorado en más de 500 euros) que pueda ayudarte de verdad, **exclusivo para los lectores**.

Tercero: mi equipo y yo hemos tomado la decisión de incluir también de forma extra y gratuita la grabación completa del Día del Éxito (valorada en 200 euros) con las 5 claves que harán que revoluciones tu éxito personal y profesional en menos de 8 horas.

Posa el libro por un momento y entra en el enlace de abajo, donde encontrarás todo lo anterior y en el que podrás asimismo formar parte del **club privado de lectores** y tener contacto directo conmigo. Me encantará escucharte.

Parte de los contenidos que te encontrarás tiene un valor mayor que el propio libro.

(Incluye una **sorpresa** impactante.)

NO SIGAS LEYENDO SIN ACCEDER AL ENLACE.

Entra aquí
www.88peldanos.com

Anxo Pérez

2. LA BOLSA NEGRA Y LA BOLSA BLANCA

Tu interior está formado por dos fuerzas: la que te acerca a la luz y la que te acerca a la sombra.

Durante la lectura de los próximos 15 Peldaños, tu Éxito Interior va a pegar un salto. Tú no tendrás que hacer absolutamente nada, ya que el mero hecho de ser consciente del contenido que en ellos se encuentra será el responsable de ese salto. El salto se producirá gracias a aumentar tu conocimiento sobre la tensión existente entre los dos conceptos que este Peldaño va a poner sobre la mesa y que serán el eje central de este libro.

Si nos preguntaran de dónde proceden todos nuestros pensamientos, palabras, acciones o intenciones, diríamos que «de nuestro interior». ¿Significa eso entonces que nuestro interior está formado por una única fuente u origen y que todo procede de un mismo sitio? La respuesta es *NO*.

Atento a esto...

Todo lo que extraemos de nuestro interior no procede de un único sitio, sino de dos: la Bolsa Negra y la Bolsa Blanca. La

BOLSA NEGRA representa la parte más impura, nuestra sombra. La BOLSA BLANCA representa la parte más pura, nuestra luz. Cada vez que esa acción, pensamiento o intención surge de la luz, se genera más luz. Y cada vez que surge de la oscuridad, se genera más oscuridad. ¿Por qué es tan importante entender cuándo actuamos desde una bolsa u otra? Porque todo lo que provenga de la BOLSA BLANCA a la larga produce paz, y todo lo que provenga de la BOLSA NEGRA a la larga produce sufrimiento.

La BOLSA NEGRA representa nuestro ego, y la BLANCA, nuestra esencia.

Te propongo un ejercicio. Tapa con tu mano la columna de la derecha de las dos mostradas a continuación e intenta adivinar de dónde parte cada uno de los deseos mostrados en la de la izquierda. Solo tienes que responder a esta pregunta:

¿BOLSA NEGRA o BOLSA BLANCA?

Deseo de ser humilde	BOLSA BLANCA
Deseo de parecer humilde	BOLSA NEGRA
Deseo de castigar	BOLSA NEGRA
Deseo de educar	BOLSA BLANCA
Deseo de crecer para superarte a ti mismo	BOLSA BLANCA
Deseo de crecer para superar a otros	BOLSA NEGRA
Deseo de dar para ayudar	BOLSA BLANCA
Deseo de dar para que te devuelvan	BOLSA NEGRA
Deseo de reconocer un error	BOLSA BLANCA
Deseo de justificarlo	BOLSA NEGRA
Deseo de sentirse ofendido	BOLSA NEGRA
Deseo de negarse a sentirse ofendido	BOLSA BLANCA
Deseo de mantenerse resentido contra alguien	BOLSA NEGRA
Deseo de perdonar y olvidar	BOLSA BLANCA
Deseo de entender a un malhechor	BOLSA BLANCA
Deseo de condenarlo	BOLSA NEGRA
Deseo de enfadarse	BOLSA NEGRA
Deseo de contener el enfado	BOLSA BLANCA
Deseo de tener rabia, irritación o ira	BOLSA NEGRA
Deseo de domesticarlas	BOLSA BLANCA

Deseo de contar un cotilleo	BOLSA NEGRA
Deseo de negarse a contarlo	BOLSA BLANCA
Deseo de emitir un juicio	BOLSA NEGRA
Deseo de no enjuiciar	BOLSA BLANCA
Deseo de rebelarse contra lo que no se puede controlar	BOLSA NEGRA
Deseo de aceptarlo	BOLSA BLANCA

¿Has reflexionado sobre las respuestas? ¿Qué conclusión sacas? Seguramente que la BOLSA NEGRA da mucho placer, pero es un placer destructivo y efímero, y que la BOLSA BLANCA requiere sacrificio, pero es un sacrificio poderosísimo, ya que por cada gramo de sombra que tú le trueques, ella te da uno de felicidad duradera. Y te aseguro que ese es el más beneficioso de los trueques.

Absolutamente TODAS nuestras intenciones, motivaciones y aspiraciones pueden ser clasificadas como motivaciones que parten desde el ego (BOLSA NEGRA) o desde la esencia (BOLSA BLANCA). El día que yo aprendí esto, tras haber actuado incorrectamente durante años, toda mi vida y especialmente mi ÉXITO INTERIOR cambiaron por completo. Por supuesto para mejor. Lo más curioso es que con todo lo material que todo esto NO es, el área que indirectamente más se benefició de ello fue precisamente mi éxito material, ya que el Éxito Interior siempre repercute en el exterior.

No te has dado cuenta, pero en menos de 5 minutos que te ha llevado leer este Peldaño ya has dado el paso más importante para conquistar tu BOLSA NEGRA, el ego. ¿Cuál? Ser consciente de su presencia.

#88PeldañosGenteFeliz
El primer paso para alcanzar un objetivo
no es ponerse a caminar, sino saber hacia dónde.
@Anxo

3. ¿QUÉ ES EL ÉXITO INTERIOR?

Como resultado del éxito de mis libros *Los 88 Peldaños del Éxito* y *La Inteligencia del Éxito*, me hicieron un altísimo número de entrevistas en medios de comunicación. Para ser justos, una parte grande fue no sólo por los libros, sino también por los logros de mi empresa 8Belts.com. En total, nuestro equipo ha contabilizado más de setecientas entrevistas, entre periódicos, radio y televisión; y de todas, tanto las que se centraron mayormente en los libros como en el método para aprender idiomas en 8 meses, no ha habido prácticamente ninguna en la que no me formularan la pregunta: «¿Qué es el éxito?». Yo siempre respondí de la misma manera: «No sería humilde por mi parte imponer mi opinión como autor, ya que considero que esa pregunta debe ser respondida por cada uno de los lectores de mis libros. Ahora bien, sobre aquello que cada uno defina como su propio éxito, cada libro de la colección le dará 88 formas de conseguirlo».

La segunda parte de mi respuesta es posible que no te desagrade, pero quizá la primera parte sí, dado que decliné responder a la pregunta formulada. Si es así, tengo buenas noticias para ti. En este libro sí voy a mojarme; y de hecho, lo haré en este preciso momento.

—*Anxo, ¿qué es el Éxito Interior?*

Muy sencillo. Puedo definirlo con tan sólo cuatro palabras.

La
Domesticación
Del
Ego.

Ni más ni menos.
Imagínate estas tres situaciones.

A) *Estás con tu coche parado en un semáforo en rojo. El semáforo se pone verde y el coche que está delante de ti se mantiene parado. El primer segundo te* ***frustras****. El segundo, tu frustración se convierte en* ***rabia****. El tercero, tu rabia se convierte en* ***ira****. Y el cuarto tocas el claxon con un alto grado de alteración.*
B) *Asistes a una clase magistral en tu universidad. El ponente te encanta y te mueres por formularle una pregunta, pero cuando estás a punto de levantar la mano, te invade una larga lista de* ***miedos****. Te quedas sin formular la pregunta.*
C) *Alguien te viene a contar algo horrible que tu mejor amiga ha dicho de ti. Entras en* ***cólera****, montas un* ***drama****, y empiezas a enumerar todas las cosas que has hecho por ella con un único objetivo en mente: dejar lo más patente posible lo* ***víctima*** *que eres de esa* ***«terrible» injusticia****.*

¿Sabes cómo evitar las tres perturbaciones anteriores? Solamente domesticando tu Bolsa Negra, tu ego.

Si hiciéramos un test a nivel mundial con esas tres situaciones, veríamos que en todas hay dos grupos de personas: los que sucumbieron a la tentación de perturbarse y destrozaron con ello su paz interior; y los que consiguieron dominar la tentación y mantener su paz. ¿Y qué diferencia a los segundos de los primeros? El dominio de su ego.

La Bolsa Negra y la Bolsa Blanca, el ego y la esencia, la parte con más oscuridad y la parte con más luz, son dos fuerzas titánicas y opuestas que cohabitan en nuestro interior desde el día que nacemos. En esa tensión existente entre ellas, a veces ganamos la batalla al ego y a veces no. En los tres casos anteriores, el ego ganó la batalla a la esencia. Esto significa que, aunque conquistar el Éxito Interior sea una labor de toda una vida, e incluso eso habitualmente es un tiempo insuficiente para la victoria completa, definirlo sí es algo tremendamente sencillo: el Éxito Interior no es ni más ni menos que domesticar tu Bolsa Negra, el ego, a fin de perder el menor número de batallas. ¿Por qué? Porque a menos batallas perdidas, mayor felicidad, y viceversa.

#88PeldañosGenteFeliz
En un deporte, tu enemigo está fuera y se llama rival. En el Éxito Interior tu enemigo está dentro y se llama ego.
@Anxo

4. LOS TENTÁCULOS DEL enemEGO

Te encuentras en la cordillera del Himalaya. Te dispones a subir una de sus montañas, la cual está poblada por un frondoso bosque con árboles y arbustos. Escondido entre la vegetación se encuentra un ejército de trolls *diminutos. Cada vez que asciendes un poco más hacia tu objetivo, uno de esos* trolls *se te acerca sigilosamente por detrás y, sin que tú te des cuenta, introduce una piedra en tu mochila. Tú deseas ascender, pero cada vez se te hace más difícil, ya que el peso de tu carga aumenta cada vez más la resistencia y dificulta tu ascenso. Llegado a un punto, descubres a los* trolls, *les pones cara, conoces sus formas de actuar y eres consciente de todos los lastres que han ido colocando en tu mochila. Te liberas de ese peso que tanto te frenaba, te proteges de los* trolls, *y de repente, como por arte de magia, tu ascenso hacia la cima... se dispara.*

Lo que agota tus pies no es el caminar...
Es tu peso.

El ascenso por esa montaña representa tu evolución hacia el Éxito Interior, y ese ejército de *trolls* representa el ego. Las piedras son las losas con las que el ego te carga. Todos y cada uno de esos *trolls* trabaja día y noche con un único objetivo en mente: evitar que tú crezcas.

Cada *troll* tiene un aspecto diferente, pero todos son parte del mismo ejército. Cada uno de ellos representa cada uno de los tentáculos con los que se manifiesta ese ejército, pero el enemigo siempre es uno y siempre es el mismo: el ego.

En el vocabulario popular, la palabra ego se usa sobre todo para definir a las personas presuntuosas, altivas o narcisistas. Pero ése es tan sólo uno de los tentáculos de los mil que componen el ejército del ego. Ésa era la definición que también yo tenía en mente, de forma errónea, hasta que experimenté mi gran salto de desarrollo interior y fui consciente del resto de dimensiones de las que no tenía conocimiento. El propósito de este Peldaño es que, si la definición anterior representa tan sólo un tentáculo del ego, seas consciente de que existen 999 más.

Quizá no te diste cuenta, pero en el Peldaño anterior se mencionaron de forma expresa numerosos tentáculos más. Todos aparecían en las tres situaciones imaginarias, y si vuelves la vista atrás, verás que además todos aparecían en negrita. Pero no hace falta que lo hagas. Yo agruparé y destaparé la cara de los tentáculos de los *trolls* que forman el ejército del ego, y a lo largo del libro veremos cómo conquistarlos. Aquí van varios: el drama («qué va a ser de mí, esto es terrible»), el buscar culpar («si no hubieras llegado tarde, ahora no estaríamos con estas prisas»), el emitir un juicio («esa persona es demasiado X»), el victimismo («fíjate lo que me hizo...»), la no aceptación («¡qué he hecho yo para que me llegue esta enfermedad!»), el apego («nunca podría vivir sin ti»), el tener razón («te voy a dar un consejo de algo que me molesta mucho, pero es por tu bien...»), el deseo de reconocimiento (te cuento mis logros A, B, C con el único propósito de que me aplaudas por ellos, y por supuesto, me molestará si no los reconoces), el deseo de aleccionar («disculpe, no se tiran colillas al suelo», visiblemente alterado), el deseo de mantener viva una ofensa («sé que lo que me debe es solo 20€ y ya hace dos años, pero es el hecho...»), el deseo de sentirse importante (por supuesto, bajo el prisma de que otros lo son menos), elegir ofenderse (siempre justificándolo con un «es que me faltó al respeto»), el rebelarse ante una crítica o incluso la tristeza...

¿La tristeza? Sí. La tristeza también. Todo ello representa tu Bolsa Negra. Sigue escalando Peldaños para ir descubriendo por qué todos son diferentes hijos pero con un mismo padre: el ego.

#88PeldañosGenteFeliz
Todos llevamos dos niños dentro. Uno que disfruta rompiendo cristales y otro que disfruta pegándolos.
@Anxo

En este libro aprenderás a reconocerlos y a escuchar al segundo y desoír al primero.

Si quieres fortalecer tu Éxito Interior, debilita tu ego.

---

5. LOS 8 BELTS DEL ÉXITO INTERIOR

La mayor parte de la gente no me conoce ni por mis libros ni por mis conferencias. Me conoce por haber creado 8Belts.com, un método que permite aprender un idioma en ocho meses por internet. Es el único método a nivel mundial en conseguir algo así, y eso hizo que nuestro crecimiento durante varios años fuera exponencial. No puedo explicarte aquí las claves del éxito de la metodología (si tienes pasión por los idiomas al igual que yo, entra en www.8Belts.com), pero sí puedo decirte que todo el avance en el idioma se centra en la conquista de ocho cinturones, de ahí el nombre de 8Belts (la palabra inglesa *belt* significa «cinturón»). He decidido equiparar ese sistema mediante el que nuestros alumnos consiguen dominar un idioma a cómo cada uno de nosotros conseguimos conquistar nuestro Éxito Interior, ya que el proceso es el mismo. Éstos son los ocho Belts del Éxito Interior, según el nivel de desarrollo evolutivo de cada individuo. **Lo único que determina que tu Belt sea más bajo o más alto es el número de veces que actúes desde tu Bolsa Negra o desde tu Bolsa Blanca.** Nada más. Te animo a que para entender mejor los Belts, al leerlos, pienses en qué gente de tu entorno podría situarse en cada uno de ellos.

BELT 1

Vives en estado permanente de autoprotección. Consideras que el mundo es hostil. Contemplas a cada persona como un peligro potencial. Vives en el odio y el miedo. Tu nivel de capacidad y deseo de domesticar tu rabia y tu interior es igual a cero, lo cual hace que la ventiles en cualquier ocasión en la que tengas oportunidad. Además, el nivel de placer (efímero) que tu ego obtiene al hacerlo es el más alto posible. Las personas son sólo medios para alcanzar tu fin. En tu universo sólo hay un único protagonista: tú. Todo lo demás es secundario.

Nivel de ego (sombra): 7. Nivel de esencia (luz): 1.

BELT 2

Vives en la amargura. Tu existencia se caracteriza por sentir irritación y desconfianza, estar a la defensiva y actuar desde el ataque. La vida es una batalla. La gente te desagrada y sólo las victorias te dan placer, pero ninguno de esos placeres reduce ese estado de amargura. Obtienes una victoria cada vez que aplastas a alguien, lo castigas, lo aleccionas o lo derrotas, pero ésta no se traduce en más luz, sino en más oscuridad. El propósito de la vida no es vivir, sino no morir.

Nivel de ego: 6. Nivel de esencia: 2.

BELT 3

Empiezas a entender que el odio debe ser controlado, pero aún crees que sólo a veces. Defiendes una justicia castigadora, pero también crees en premiar a quien se lo «merezca» (siempre bajo tu criterio). No sueles actuar desde el amor, pero ya no resides en aquel odio extremo. Te da pena ver a alguien sufrir, pero no cuando tú opinas que es un sufrimiento que le corresponde. Sí crees en dar amor, aunque sólo a aquellos que consideras «los míos». Tu ego continúa dominando tu vida pero tu nivel de consciencia ha aprendido a controlarlo en sus niveles de mayor descontrol. Comienza a haber más espacios para el amor y amabilidad hacia las personas.

Nivel de ego: 5. Nivel de esencia: 3.

BELT 4

Por primera vez, el nivel de amor en tu vida supera tu nivel de amargura. Te siguen irritando las cosas que tú consideras inaceptables, pero tu crecimiento interior ya empieza a conceder menos sitio a la queja y más al agradecimiento. Todavía no vives disfrutando del presente, sino intentando controlarlo, y ello sólo con la intención de dominar tu futuro. Sufres cada vez que tu rigidez de controlarlo todo fracasa. Tu ego se acerca a la domesticación, pero aún le falta un amplio recorrido. Cada vez que no consigue cada uno de sus caprichos, igual que un niño cuando no consigue lo que quiere, sufre.

Nivel de ego: 4. Nivel de esencia: 4.

BELT 5

Igual que una serpiente, te has desprendido de tu piel anterior. Tu crecimiento interior ha conseguido romper la primera armadura a la que tu ego te confinó desde tu nacimiento. No sólo eres consciente de los componentes que quitan vida, esto es, los que conforman el ego, y los que la dan, esto es, los que forman la esencia, sino que, además, has elevado tu nivel de consciencia sobre ellos. Cada vez que quien habla no es tu esencia, sino tu ego, tú lo sabes, y eso te permite desoír a uno y escuchar al otro. Cada vez más notas que el fuego del miedo, la tristeza, la ira y la desaprobación ruge con menos fuerza. Tu desinterés anterior por el bien ajeno va dando paso paulatinamente a un interés cada vez mayor.

Nivel de ego: 3. Nivel de esencia: 5.

BELT 6

Tu vida se rige por la aceptación. Has prácticamente conquistado tu deseo de controlar y lo has sustituido por la tranquilidad que da saber aceptar. Cuando te ensalzan, sonríes, pero cuando te rechazan, también. Vives en el estado de «todo es perfecto», incluso cuando suceden aquellas cosas que antes clasificabas como «malas». Lo has conseguido gracias a despojarte de la mayor de las losas: la losa del juicio. Antes vivías en lo que se denomina el maniqueísmo: estado permanente de enjuiciamiento de cada suceso y persona como buena o mala. Ahora vives en estado de aceptación y observación. Empiezas a dominar el arte de la «amorosidad», transformar el deseo de reaccionar ventilando tu frustración en la capacidad para responder de forma amorosa, algo DIFICILÍSIMO de hacer para Belts inferiores.

Nivel de ego: 2. Nivel de esencia: 6.

(Los últimos dos Belts son para niveles muy avanzados. Si no es tu caso, sáltalos, o tan sólo obsérvalos, pero no los juzgues, ya que no conseguirás comprenderlos sin antes haber pasado por los anteriores. Yo no los entendí durante mucho tiempo.)

BELT 7

Tu vida se rige por la compasión. Has dejado atrás la mentalidad ególatra, narcisista y egocéntrica que sólo se interesa por el bien individual y has conseguido alcanzar el difícil nivel de lucidez que pocos alcanzan, en el que el bien individual y el bien colectivo se funden. Has eliminado de tu vida el juicio, la necesidad de control, el miedo, la ansiedad, la envidia, la ira, la desaprobación, la impaciencia y el egoísmo. Pocas cosas tienen el poder de sacudirte o hacerte daño. Vives en la alegría.

Nivel de ego: 1. Nivel de esencia: 7.

BELT 8

Has logrado entender lo que el 99 por ciento nunca llegará a entender: el amor incondicional. Has vivido tu vida convencido de que dar amor incondicional a quien te da odio es de necios. Hoy sabes que es de sabios. Vives en la paz interior. Nada te perturba. Nada te genera miedos. Has conseguido eliminar de tu vida y por completo no el dolor (físico), pero sí el sufrimiento (mental). Vives en la felicidad. Emites bienestar y la gente que se acerca a ti se contagia de ello.

Nivel de ego: 0. Nivel de esencia: 8.

#88PeldañosGenteFeliz
La felicidad es una bola de luz cubierta por una torre de mantas. Nosotros no podemos producir la luz, pero sí podemos retirar las mantas.
@Anxo

Te comparto dos cosas muy muy impactantes. La primera es que la mera lectura de este libro, de por sí, provocará sí o sí un ascenso de tu Belt del Éxito Interior, sobre todo si lo lees más de una vez. La segunda es que cada vez que una persona dentro de un núcleo familiar sube de Belt, ese hecho provoca una subida, por pequeña que sea, en el resto de miembros de la familia.

6. LA FÁBULA DEL ZAPATO

Hace muchos años vivió en un reino del Lejano Oriente una adolescente llamada Verónica, la cual era hija de un zapatero. Un día, corriendo por el campo se hizo una pequeña pero profunda herida en el pie, justo debajo del tobillo derecho, que tardó mucho tiempo en curar y de la cual Verónica no se percató. La misma noche en que se produjo la herida tenían lugar los festejos del reino, y ella sentía mucha ilusión por asistir al baile popular en la plaza del pueblo con su mejor atuendo. Se puso su vestido y corrió a probarse sus zapatos azules de tacón alto. Llevaba días imaginándoselos puestos. Al probárselos vio que le hacían mucho daño, así que se dirigió al taller de su padre y con un martillo golpeó la parte interior del zapato en el lugar que coincidía con el punto situado por debajo del tobillo derecho. Por más que lo golpeó y lo deformó, cada vez que se lo probaba, el zapato seguía haciéndole daño. Maldijo el zapato y lo descartó. Tomó el siguiente par y repitió exactamente el mismo proceso. Luego otro y otro. Llegó a la conclusión de que todos los zapatos estaban mal hechos para su pie. Se mantuvo convencida de ello hasta el

día que reconoció que tenía una herida debajo de su tobillo. La curó y como por arte de magia, de repente ningún zapato le hacía daño.

Unos años más tarde, cumplidos los dieciocho años, Verónica conoció a su primer novio, Arturo. Ambos se querían mucho, pero ella tenía un temperamento desmesurado. De vez en cuando era incapaz de controlar su carácter y lanzaba a Arturo gritos y ataques con el fin de que él cambiase su forma de actuar y se adaptase al criterio de ella. Durante una de estas agitaciones violentas, Arturo sintió que algo se rompía dentro de él y que no podía continuar con la relación. Verónica lloró desconsolada y llegó a la conclusión de que Arturo tenía una personalidad incompatible con la de ella. «Tengo que encontrar al hombre correcto para mí», refunfuñó convencida. Llegó el segundo novio, luego el tercero, el cuarto y hasta el décimo. El episodio se repitió con todos ellos, y cada una de las relaciones fracasó. «Todos los hombres son iguales», concluyó.

Un día recordó su zapato azul. Recordó las decenas de pares de zapatos que maldijo y tiró a la basura. Recordó su conclusión de que todos los zapatos estaban mal hechos. Recordó el día que reconoció que tenía una herida en el pie y que el problema no lo provocaban los zapatos, sino su herida.

Ese día se abrieron sus ojos. «No me lo puedo creer —se dijo—. He actuado con mis novios igual que con mis zapatos. Los he golpeado con mi temperamento igual que golpeé mis zapatos con mi martillo, sin darme cuenta de que el problema en la relación no lo causaban ellos, sino yo, igual que el dolor en mi pie no lo causaba el zapato, sino mi herida».

Ese día empezó a trabajar para curar las partes de su personalidad que no estaban sanas ni en equilibrio. Dejó de lanzar ataques a modo de martillazos para intentar hacer cambiar a otros, como cuando golpeaba el interior de los zapatos para amoldarlos. Dejó de descartar personas por considerarlas inadecuadas, igual que en su día aprendió a dejar de descartar zapatos. ¿Y qué sucedió? Se acabó enamorando del primer novio que tuvo después de ese aprendizaje. No porque él fuera perfecto, sino porque ella sanó sus heridas.

#88PeldañosGenteFeliz
Cuando tú mejoras, mejoran cuatro cosas:
la T, la O, la D y la O.
@Anxo

7. SIEMPRE ES MIEDO

Te voy a decir algo que te parecerá una barbaridad. Al menos a mí me lo pareció la primera vez que lo escuché. Hoy considero que es no una barbaridad, sino una revelación. Cada acción, de cada persona, en cada momento, hasta la más terrorífica que se te pueda ocurrir, parte de un deseo positivo: el de eliminar un miedo. Incluso el que roba o mata lo hace porque está buscando algo que él entiende que va a reducir o hacer desaparecer un miedo que él tiene, y por tanto considera que está buscando algo que es bueno (para él), por supuesto eligiendo el peor de los caminos para conseguirlo (fruto de la ignorancia). Y mientras no se sane el miedo que él percibe, no se anulará el peligro que él supone.

¿Qué hay detrás de cada tentáculo del ego? Siempre, siempre, siempre... un miedo.

- *Tu entrenador te critica delante de los compañeros de equipo cuando tú eres el capitán. Te pones furioso y combates su opinión.* ¿Cuál es tu miedo? El miedo a no ser respetado y a perder estatus en el equipo (y por tanto te rebelas igual que lo haría un león que cree está a punto de dejar de ser el rey de la selva).

- *Alguien te agrede (verbal o físicamente). Tú sientes rabia de manera instantánea y devuelves la agresión.* ¿Cuál es tu miedo? El miedo de ser pisado o avasallado por otro. Lo combates atacándolo de vuelta.
- *Tu pareja se fija en otra persona en un bar. A ti te sobrecoge un ataque de celos y entras en cólera.* ¿Cuál es tu miedo? El miedo de no ser querido o ser insuficiente para esa persona (y por tanto miedo al abandono). (La solución no está en evitar los celos, sino en averiguar qué ha hecho que llegaras al punto de temer el abandono.)
- *Tu hijo adolescente te dice que quiere irse a estudiar al extranjero. Tú sabes que es bueno para él, pero te puede la ansiedad y te niegas.* ¿Cuál es tu miedo? El miedo a quedarte sola, a perder el control sobre él y a la incertidumbre: «¿Qué pasa si se queda allí a vivir y ya no lo veo tan a menudo?», te dices atormentada.
- *Acabas de perder tu trabajo y te sumes en un mar de tristeza y preocupación.* ¿Cuál es tu miedo? Miedo al «¿qué va a ser de mí?» en el futuro sin esto que acabo de perder en el presente. Actúas con desesperación.

Ninguna de estas formas de actuar ha resuelto el problema. ¿Por qué? Porque todas se llevan a cabo desde el miedo. Esto representa la mayor paradoja de la historia (exagero, pero poco). Actuamos con el fin de eliminar el miedo, y acto seguido tomamos el camino que produce el resultado diametralmente opuesto al que buscábamos: en lugar de eliminar el miedo, lo hemos perpetuado. No sólo no lo hemos combatido, sino que además, lo hemos hecho más grande.

#88PeldañosGenteFeliz
Todo sufrimiento procede siempre de un miedo. La solución no está en combatir y matar el sufrimiento, sino en encontrar y sanar el miedo.
@Anxo

—Anxo, pero si gracias a ese miedo al «¿qué va a ser de mí?» cuando pierdo mi trabajo consigo reactivarme y ponerme a buscar un trabajo nuevo porque estoy desesperado, a lo mejor gracias a eso lo encuentro.

Por supuesto que puedes encontrar un trabajo nuevo en esas condiciones, pero que lo consigas es menos probable. ¿Por qué? Porque es una acción que parte desde el miedo, y el miedo no es empoderador, sino limitante. Cuando actúas desde el miedo no ves las cosas con mayor lucidez, sino con menos, no actúas con mayor poder, sino con mayor temor.

—¿Desde dónde habría que actuar, entonces?

Desde el amor.

—¿Amor? ¿Esa palabra no es un poco anticuada?

Cuando se habla de amor la gente piensa en un amor de cultos religiosos o en el de las mal llamadas canciones de amor, en las que si hoy estás conmigo, te adoro, pero si mañana me dejas, te odio. Eso no es amor. El amor del que trata este libro es infinitamente más complicado, pero también más bonito. Es el que te permite mantener un estado de tranquilidad interior incluso si alguien te intenta insultar, ofender o robar (pero sin dejar de hacer todo lo posible para protegerte). ¿Cuántos pueden conseguir algo así? (Espero que después de leer este libro... seamos muchos más.) Ese amor ya parece mucho menos placentero que el otro (a corto plazo), pero es mucho más real. Cuando uno lo entiende (a veces lleva años), aprende que es mágico, sanador, y tiene el poder de conceder paz interior y la confianza de saber que todo se resuelve. Siempre. Hasta las cosas más graves, como la muerte de un ser querido, se acaban superando gracias a este tipo de amor, el cual es el antónimo del miedo. Yo perdí a mi padre hace años y no voy con una losa por la vida que me impida vivir.

—*Anxo, ¿y si sí tuvieras esa losa por no superar esa pérdida?*

Entonces sería consecuencia de un miedo no sanado.

—*Y ¿cómo se aprende a sanarlo?*

Muy fácil. Leyendo el Peldaño siguiente. (No muerde, así que no tengas MIEDO 😉.)

8. CUÉNTALO

En los ejemplos del Peldaño anterior, la solución no está en combatir la ira, en hacer un curso sobre agresividad, en llegar a un acuerdo para evitar los celos o en resolver la desesperación encontrando un trabajo (ya que el problema de la desesperación quedaría por resolver). En todos los casos, la solución pasa por curar los miedos, ya que un miedo no curado hoy volverá a manifestarse mañana, sea con esa o con otra cara. Si te pones a tratar los celos, la ira, la tristeza o la ansiedad sin analizar el origen, estarás tratando los síntomas, pero... perpetuando el problema.

Eliminar un problema y no observar sus causas es como secar el agua y no cerrar el grifo.

(O si te gusta más calentito...)

Cada vez que tomamos un calmante sin resolver el problema, estamos apagando la alarma sin extinguir el fuego.

—*¿Y qué tengo que hacer para sanar cada miedo que tenga?*

CUÉNTALO.

El miedo se sana... EXPONIÉNDOLO. ¿Cómo? TIRANDO DEL HILO.

—*Reconozco que cuando mi hijo me dijo que quería irse al extranjero a estudiar, mi cuerpo se atenazó.*

—OK. ¿Por qué se atenazó?

—*Porque me hizo sentir que iba a sufrir una pérdida (de control, de cercanía, de amor...).*

—OK. ¿Qué hay detrás de esa sensación? ¿Qué la provoca?

—*Creo que miedo a la soledad, o incluso a que mi hijo se olvide de mí.*

—Pues ahí lo tienes. Ése es tu miedo.

Combatir síntomas alarga el problema. Mejor busca el origen tirando del hilo con preguntas como las anteriores y verás que toda la cadena siempre tiene como origen un miedo. En casos serios por supuesto tendrás que buscar ayuda de un profesional, pero el proceso siempre será el mismo: reconocer, de viva voz, ese miedo. CONTARLO. Cada vez que expones un miedo, una parte de ese miedo muere.

Un día, hace años, me encontraba circulando por Madrid en el coche de mi amigo Jesús mientras él conducía a velocidad de tortuga, esto es, de tortuga según mi impaciente percepción. Él era una persona que sabía ir tranquilo por la vida. Yo tenía muchos conocimientos (es retórico), pero desde luego ése era uno de los que me faltaba. Mientras él iba disfrutando del paseo, yo iba agonizando cada vez que veía de lejos un semáforo en verde. «Se lo va a perder», pensaba para mí. Y tenía razón. Efectivamente se lo perdía. El problema era que ese hecho a mí me saboteaba mi felicidad interior, mientras que a él, por supuesto, ni le inmutaba. Empecé a tirar del hilo de mi impaciencia (aguda), y a través de varios porqués regresivos fui descubriendo cosas hasta que di con mi miedo. ¿Por qué sentía impaciencia? Porque no quería perder el tiempo. ¿Qué había detrás de esa sensación? ¿Qué pasaba si sentía que perdía el tiempo? Que podía hacer menos cosas. ¿Y qué sucedía si hacía menos cosas? Que podría sentirme una persona insuficiente, lo cual podría llevarme a no ser aceptado por otros o incluso por mí mismo.

Voilà!

Ése era mi miedo. Y al exponerlo, observarlo, reconocerlo y sobre todo contarlo (a alguien que te escuche sin juzgarte), me permitió no sólo aumentar mi consciencia y, por tanto, mi aprendizaje sobre él, sino liberarme de una parte enorme de su losa. ¿Por qué? Porque contarlo es arrojar luz sobre él, exponerlo, y sólo lo que se expone puede ser sanado. Si quieres un ejercicio para tratar este tema, usa éste: la *sesión de miedos.* Consiste en sentarse con otra persona y simplemente manifestar y contar un miedo, tirando de ese hilo y relatando qué temes y qué te hace sentir cada uno de esos temores. Verás que a medida que te vas abriendo, una parte de tus miedos se va disipando igual que se disipa la sombra al amanecer. Pruébalo. Es tremendamente liberador.

#88PeldañosGenteFeliz
Cuanto más reconoces un miedo al que estás atado,
más te desprendes de su atadura.
@Anxo

9. ¿DESDE DÓNDE?

A veces me encuentro con gente que cree que nací aprendido en casi todos los temas de los que escribo o hablo, pero esto es incierto tanto para mí como para el resto de los mortales. Por tanto no sólo no nací aprendido, sino que como habitualmente recalco en mis conferencias, *siempre me quedará mucho más por aprender que por enseñar*. Cada año es una evolución para mí, y ojalá ese proceso nunca se detenga, ya que:

> #88PeldañosGenteFeliz
> un HOY sin crecimiento es un MAÑANA sin evolución.
> @Anxo

Sin embargo, la del último año es posible que sea una evolución superior a la de todos los demás años —el otro día bromeaba con un amigo al decirle que este libro me está enseñando a mí mucho más que yo a él. Y en todo ese proceso de evolución, por el que tantas gracias doy, hay una pregunta que quizá haya marcado uno de los principales puntos de inflexión en mi propio crecimiento personal. Es la pregunta que da nombre a este Peldaño: ¿desde dónde?

Raúl trabaja como ingeniero en una empresa que está en proceso de internacionalización, y cuyo futuro depende de que se consiga un enorme contrato con una gran multinacional. El director general de la empresa es el encargado de realizar la presentación de la propuesta que determinará que la multinacional firme o no ese contrato tan trascendente. Raúl, que está dos rangos por debajo del director general, el día previo a la presentación, tras pedir permiso a su jefe, decide enviar un correo electrónico al director general dándole ánimos y detallando cada uno de sus puntos fuertes para elevar su nivel de confianza. La carta sube la moral del director general, y como resultado acaba realizando una brillante exposición y consiguiendo el contrato con la multinacional, que además repercute en una mejora de las condiciones para todos los empleados. Su jefe lo felicita por la carta.

¿Dirías que la acción de Raúl es loable?

Probablemente, sí.

Ahora imagínate que se añade un dato a la ecuación. Tomas un café con Raúl, y éste te confiesa que conseguir que esa presentación saliera bien era la última de sus motivaciones y que el único motivo por el que mandó esa carta era con el fin de caerle mejor al director general de la empresa y con ello manipularlo para lograr ser ascendido y conseguir el puesto de su jefe, a pesar de considerarse menos preparado que su jefe para desempeñarlo. El cien por cien de su motivación era el interés personal. ¿Cambia eso las cosas?

A nivel externo, no, ya que en ambos casos el director se beneficia de los ánimos; pero a nivel interno la diferencia es abismal. ¿Por qué? Por la pregunta en la que se centra este Peldaño: «¿DESDE DÓNDE ha actuado?».

Existen dos *lugares* DESDE DÓNDE actuar, y seguro que los puedes adivinar:

DESDE la Bolsa Negra y DESDE la Bolsa Blanca.

¿Actúas desde el miedo a lo que no quieres que suceda o desde el amor hacia lo que sí? ¿Porque quieres que no pase algo malo o para provocar algo bueno? ¿Para buscar solo el bien propio o también el de otros?

Si hubiera mandado la carta por el bien de su director general, de la empresa y de los empleados, entonces la motivación de Raúl partiría desde su Bolsa Blanca, ya que busca su propio interés pero también el interés colectivo. Si la manda exclusivamente por su propio bien aunque sus intereses entren en conflicto con los de los demás, entonces su motivación parte desde su Bolsa Negra. La acción es la misma en ambos casos, pero la motivación es radicalmente diferente. La clave está en pasar cada una de tus acciones por este filtro: ¿DESDE DÓNDE ACTÚAS?

Una pregunta tan sencilla y sin embargo el impacto que ha tenido para muchos, incluido para mí, es monumental.

Cuando ayudas a un amigo desde el interés exclusivo (me motiva sólo mi propio bien), entonces das con la motivación de recibir. Cuando ayudas desde el interés inclusivo (me motiva mi bien además del bien colectivo), entonces das para dar. Que recibas algo a cambio es irrelevante, ya que lo que tú recibas no entra en tu propia ecuación.

—Anxo, pero ¿y si mi amigo abusa de mi generosidad?

(Atento a la respuesta, porque a mí me costó mucho entenderla. No dar con la respuesta correcta a esa pregunta es el principal motivo por el que la gente se pierde el valor de este Peldaño.) Es ésta: **sí es** legítimo alejarte, pero no lo es enjuiciarlo como una persona X (etiqueta negativa). El alejamiento no se origina desde tu Bolsa Negra, ya que alejarte es tu preferencia, y preferir es completamente legítimo. Pero el juicio sí procede desde tu parte oscura, ya que se hace desde el deseo de etiquetar y demonizar a otra persona. Eso no lo deseas tú. Lo desea tu ego.

—Ese tipo te acaba de insultar. ¿Cómo puedes responder a un insulto con una sonrisa?

Porque dentro de mí no yace una fuente de motivación, sino dos: la que me pide guerra y la que me ofrece paz. Y yo **elijo** actuar desde la segunda.

¿Cómo hay que hacer para subir de Belt en la carrera hacia el Éxito Interior? Existen tres formas principales. La primera es por osmosis. Si quieres subir de Belt, pasa más tiempo con gente con un Belt mayor que el tuyo. El Éxito Interior es MUY contagioso. La segunda te la dará el Peldaño que viene a continuación. Y la tercera es formulándote una y otra vez esta pregunta: ¿DESDE DÓNDE ACTÚO?

**Igual que una simple rienda, bien usada,
puede dirigir la fuerza de todo un caballo,
una sola pregunta, bien formulada,
puede dirigir el poder de toda una mente.**

---

10. LA HERRAMIENTA Nº 1 PARA ALCANZAR EL ÉXITO INTERIOR

Este Peldaño es el complemento del Peldaño anterior, ya que se centra en el cómo: cómo conseguir subir de Belt en tu Éxito Interior a través de la pregunta «¿desde dónde?».

Si tuviera que dividir en dos partes el proceso de alcanzar el Éxito Interior, la primera incluiría todo lo que tiene que ver con aprendizaje, invertir en conocimiento e inundar el cerebro de toda la información para ser procesada. Pero de nada sirve todo eso sin la segunda, que es asimilarla.

Que tu cerebro tenga toda la información del mundo sin que ésta pueda ser asimilada es tan útil como que un árbol tenga toda el agua del mundo sin que ésta pueda ser absorbida.

Por tanto la parte verdaderamente importante no es acceder a la información, sino que consigas hacerte dueño de ella. Para ello hay una herramienta que probablemente sea la más importante de todas cuantas existen de cara a este fin. Es sencilla y está al alcance de todos. Esa herramienta es el centro de este Peldaño. Se trata de la AUTO-OBSERVACIÓN.

A través de recursos como mis conferencias, vídeos o incluso este libro, yo puedo encargarme de alertarte de preguntas como el «DESDE DÓNDE» y conceptos como la Bolsa Negra y la Bolsa Blanca. Al hacerlo yo juego un papel nada insignificante en el proceso, ya que el mero hecho de que seas consciente de ese binomio, por arte de magia, acaba de darte el mayor avance hacia tu objetivo antes incluso de comenzar a andar. El simple hecho de leer sobre un tema, de por sí, eleva tu nivel de consciencia sobre ese tema, y **en la consciencia de un tema reside el aprendizaje sobre ese tema**. Aprendes más sobre algo cuanto más consciente eres sobre ello. ¿Y cómo se eleva el nivel de consciencia? Con la AUTO-OBSERVACIÓN.

La auto-observación va más allá de simplemente observar. En realidad consta de un proceso de cuatro partes, que constituyen sus cuatro ventajas:

PARAR – REFLEXIONAR – DECIDIR – ACTUAR

Tu pareja se enfada porque has llegado tarde a cenar. Tú consideras que su enfado es terriblemente injusto, ya que según tu parecer, si trabajas, es por el bien de tu familia. En cuanto percibes la alteración de tu pareja, después de un día muy frustrante en la oficina, te empieza a hervir la sangre y entras en cólera contra ella y su enfado. Te sientes (eliges sentirte) ofendido. Justo cuando estás a punto de ventilar tu cólera, te acuerdas del poder de la AUTO-OBSERVACIÓN. Y en vez de explotar, PARAS. Ese primer paso ya te permite contener tu ira en lugar de exteriorizarla. Luego, REFLEXIONAS. Reflexionar te permite formularte la pregunta del «¿desde dónde?». Al hacerlo reconoces que no hay ira donde hay amor, y por tanto concluyes que enfadarse y ofenderse es actuar desde el ego. Ese minidiálogo, que lleva menos de un segundo —ya que no se compone de palabras, sino de nociones, de observación—, hace que eleves tu nivel de consciencia; y recuerda que, siempre que eleves tu nivel de consciencia sobre un tema, podrás concluir que has aumentado tu aprendizaje y crecimiento sobre ese tema. Durante tu reflexión, piensas que si alguien te estuviera grabando mientras actúas de forma fea, querrías que borrasen el vídeo, porque ese personaje es el opuesto a la persona que tú quieres ser. Por tanto DECIDES no escuchar a tu ego. En conclusión, ACTÚAS controlándolo. Le dices: «Has trabajado mucho para hacer esta cena y te has frustrado al ver que no llegaba, ¿verdad?». Esa frase desarma a tu pareja. Le has contestado desde el amor, y en consecuencia, él/ella te devuelve... más amor.

¿Cuántas veces te has parado a, simplemente, observar tu impaciencia, tus miedos, tu frustración? Seguro que no has dedicado en total ni siquiera una hora toda tu vida a ser consciente de esas cosas; sin embargo, tomar consciencia de cualquier tentáculo del ego, incluso sin hacer nada más, es la herramienta para eliminarlo. Cuanto mayor sea el tentáculo, mayor deberá ser la observación. Si un lunes fulanito actúa con rabia ante una situación, y el martes, ante la misma situación, consigue actuar sin rabia, lo único que ha hecho que él conquistara la rabia del martes y otros no, es el número de minutos que dedicó a reflexionar sobre la del lunes.

#88PeldañosGenteFeliz
Ser consciente de la actitud negativa, de por sí,
ya aumenta la positiva.
@Anxo

OBSERVACIÓN = CONSCIENCIA; CONSCIENCIA = APRENDIZAJE.

11. MI MAYOR EQUIVOCACIÓN

Durante la mayor parte de mi vida viví convencido de que el amor incondicional no tiene sentido. Se ama a alguien porque él o ella cumple con una serie de requisitos a modo de lista de la compra: no faltarte al respeto, quererte de vuelta, no fallarte un solo día que necesites ayuda, tratarte bien y mil exigencias más. Y si no se cumplen, entonces es normal que tu amor descienda incluso hasta llegar a desaparecer, tanto con una pareja como con otro tipo de relaciones. Suena correcto, ¿verdad? Un día descubrí que no sólo no lo es, sino que, además, es uno de los mayores errores cometidos sobre la Tierra, y yo he sido tan culpable de cometerlo como el que más.

Igual que la generosidad no es dar a quien te dio a ti primero, sino a quien quizá nunca te dé nada, amar incondicionalmente es dar amor incluso a aquellos que lo merezcan menos. Pero, si eres como yo era, esto debería sonarte completamente ilógico. «¿Cómo poder dar amor a quien te tiene odio?». Tranquilo, no tienes que hacer eso... de momento. Si te identificas con esa pregunta, entonces yo soy tu mejor aliado, ya que te entiendo perfectamente porque fue mi único modo de pensar durante años;

pero a diferencia de lo que muchos creen, lo peligroso no es cambiar de opinión, sino que ésta no cambie nunca. Cambiar de opinión indica apertura de mente.

Si nos ponemos en casos extremos, como amar a alguien que hace daño a un ser querido tuyo, está claro que animarte a amarlo sería como animar a un bebé a que saque adelante un doctorado. Por tanto la regla número uno es no intentar alcanzar el Belt 8 de amor incondicional el primer día, sino centrarse en simplemente dar el siguiente paso en esa dirección.

Como en muchos otros de mis Peldaños, éste también se compone de un binomio que divide al mundo en dos grupos de personas, aquellos cuyo interior está compuesto por mucha luz y poca sombra y aquellos cuyo interior está compuesto por mucha sombra y poca luz. Seguro que si te pidiera hacer una lista de diez personas de tu día a día a las que puedas incluir en cada uno de los dos grupos, tras reflexionarlo un poco, no tardarías demasiado tiempo en dar con ellas, y sin embargo pocos reparan en el hecho de que la gente que es más gris lo es simplemente porque ha permitido que en su interior se instale un poco más el odio (como resultado del miedo), y la que lo es menos simplemente ha hecho que en su interior se instale el amor. Lo interesante es que tanto nuestro Éxito Interior como nuestro nivel de felicidad son matemáticamente proporcionales a la cantidad de amor (en detrimento del odio) que llevemos dentro. Éste es el motivo por el que el número de méritos que la otra persona haga para ser amado es irrelevante. Si el objetivo es retirar la tendencia al odio de nuestro interior y aumentar la tendencia hacia el amor, entonces fomentar el amor en función de los méritos es la peor manera de aumentarlo, ya que la mayor parte de la gente nunca hará los méritos suficientes.

Te explicaré por qué el mayor interesado de tu cambio no son otros, sino tú. Imagínate la felicidad como un sol y el odio como un rango que va desde un cielo con nubes hasta la peor de las tormentas. Cada vez que te encuentras una persona llena de rabia, es que tiene su interior agitado por las miles de gotas de lluvia que produce su tormenta interna. Es gente gris (que todavía no ha sabido cómo superar ese estado). Y cada vez que te encuentras con alguien que ha aprendido a reducir el odio en su interior y aumentar su amor, ha logrado una vida interna sin agitación, sin nubes y con sol. Es lo que se denomina la paz interior y es la mayor responsable de la felicidad. A mayor paz interior, mayor felicidad (y viceversa).

#88PeldañosGenteFeliz
De las muchas formas para matar la sombra de la gente gris sólo una es la más acertada: encendiendo tu luz.
@Anxo

Cuando hablo de amor, no me refiero a un amor espiritual o de misiones religiosas. Hablo de algo mucho más simple. Hablo de una domesticación de tu mente que tira de las riendas cada vez que tu cuerpo se quiere enfadar con otro ser humano, tenerle rabia a la forma de ser de alguien, sentirte irritado por un gesto o acción de otra persona, querer devolver odio con odio. (Como dije, yo rechacé este tipo de propuestas durante años por considerarlas injustas.) Y una vez conquistada esta primera etapa, conquistar la segunda y más importante: no parar de entrenar todo tu ser para sentir los mejores deseos (si no quieres usar la palabra «amor») por cada ser humano con el que te cruces. Efectivamente es más *justo* devolver odio con odio, pero infinitamente menos acertado. Un día algo hizo clic y me di cuenta de mi error. Supongo que es una forma de madurez y tarde o temprano todos pasamos por ella. Igual que el bebé debe pasar por numerosos grados escolares antes de poder cursar un doctorado, tú deberás pasar por los tuyos. Lo importante no es que alcances el destino hoy, sino que cada día te acerques un poco.

¿Alguna vez te has parado a pensar cuánto del amor de tu perro por ti depende de ti? Eso es amor incondicional.

---

12. LA MARAVILLOSA IGNORANCIA

—*¿La maravillosa qué?*

—La maravillosa ignorancia.

—*Anxo, ¿me estás diciendo que defiendes que la ignorancia es buena?*

—Depende (recuerda que soy gallego 😉).

—*¿Quieres decir que cuanto menos sepa, mejor?*

—No. Ésa es la mala. La buena es otra.

—*¿¿¿Cuál???*

El error que cometí durante muchos años descrito en el Peldaño anterior estaba causado por otro error no menos considerable. En mi deseo de «llamar a las cosas por su nombre», albergaba en mí una intrínseca necesidad de aplaudir lo bueno y denunciar lo malo. Y cuando alguien intentaba justificar «lo malo», entonces yo no sólo denunciaba lo malo, sino que además denunciaba su justificación de lo malo. Y curiosamente estaba convencido de que actuaba correctamente, ya que actuaba en base a lo que yo consideraba la defensa de la verdad, pero en realidad era víctima del maniqueísmo (ver todas las cosas como sólo buenas o sólo malas). Y por supuesto, se ama lo bueno, no lo malo. «A un malhechor hay que denunciarlo», pensaba yo. Por suerte hoy creo que a un malhechor hay que amarlo (independientemente de que sus actos haya que intentar detenerlos). ¿Por qué? Porque si estuviéramos en su lugar, el cien por cien de los que lo estamos apuntando con el dedo habríamos cometido exactamente los mismos errores que él cometió, ya que estar en su lugar implica ser él *y también* sus circunstancias: tener los mismos padres que él tuvo, sufrir los mismos percances que él sufrió, pasar por las mismas dificultades por las que el pasó.

Cuando alguien intentaba comprender esas circunstancias que llevaron a esa persona a cometer un mal, para mí eso suponía el «mal de la relativización». Un maniqueísta (mi yo de antes) ve el mundo en blancos y negros, y relativizar es justo lo contrario. Es ver más allá del juicio y comprender por qué sucede lo que sucede. No es una justificación de lo malo, pero sí un intento de comprensión de sus causas. Y, cuando haces el esfuerzo de intentar comprender, lo cual es todo menos fácil, aumentas tu compasión y reduces tu deseo de enjuiciar, condenar y castigar, y al hacerlo, ganas luz interior.

Pero ¿cómo poder comprender a un delincuente o a alguien que hace el mal?

Primero entendiendo que todos llevamos un delincuente potencial dentro. La mayor parte de las veces que no hemos delinquido no fue porque no tuviéramos la capacidad de hacerlo, sino porque no se dieron las circunstancias extremas necesarias para que sucediera. Si esto es así, entonces deberíamos pensar dos veces antes de sacar nuestro dedo acusador para apuntar a alguien. Pero el motivo mayor es el segundo.

En el proceso evolutivo que describían los Belts del Peldaño 5, ¿sabes qué separa a alguien del Belt 1 de alguien del Belt 8? Única y exclusivamente...:

LA IGNORANCIA.

¿Por qué la gente es egoísta? Por ignorancia. ¿Por qué delinque? Por ignorancia. ¿Por qué vive en el victimismo, en el rencor o en la envidia? Porque aún no ha conseguido superar la ignorancia que le impide transcenderlas. Entender esto es tener la fórmula mágica del **perdón**, ya que encierra un secreto que casi nadie entiende: el saber que nadie te hace mal para buscar tu sufrimiento, sino como fruto de su ignorancia.

#88PeldañosGenteFeliz
Perdonar es como escalar montañas. Desde abajo dan pereza. Desde arriba, libertad.
@Anxo

Imagínate un señor que lleva 20 años comiendo a diario en un restaurante que se encuentra al lado de su trabajo, el cual tiene por costumbre servir comida del día anterior a todos sus clientes. Un día descubre que justo al lado se encuentra otro que sirve la comida más deliciosa del mundo por exactamente el mismo precio. ¿Crees que se plantearía dejar de frecuentar el primero y empezar a almorzar en el segundo? Por supuesto. ¿Por qué no lo hacía antes? Única y exclusivamente por desconocimiento (ignorancia). Pues igual que nadie se plantearía no dejar el malo una vez conoce el bueno, nadie que descubre el poder de vivir con más luz elegiría vivir con menos. Por eso la gente no hace cosas malas porque albergue el mal. Hace cosas malas porque vive en la ignorancia. Es la ignorancia, y no otros motivos, la que los hace permanecer en un Belt (nivel evolutivo) bajo.

¿Y por qué es la ignorancia tan maravillosa? Porque gracias a ella ya es posible pasar a *comprender* en lugar de *condenar* cada vez que alguien haga algo que consideremos «malo». Con ella se justifica la compasión. El día que yo aprendí esto pude desprenderme de la losa del juicio. Las personas no son o buenas o malas. Simplemente tienen mayor o menor grado de ignorancia. Cuando te encuentras gente que te envuelve con su energía positiva arrolladora y una ternura en su forma de tratarte, sencillamente es que ha desarrollado su Éxito Interior (luz) y ha ido dejando atrás capas y capas de ignorancia (sombra). Ha aprendido a usar cada vez más su Bolsa Blanca y cada vez menos la Negra. ¿Cuál es el propósito de este libro? Justo ése. Reducir las capas de ignorancia con las lecciones de cada Peldaño a fin de aumentar el tamaño de nuestra Bolsa Blanca en detrimento de la Negra. Por tanto, lo que es maravilloso no es ser ignorante, sino el hecho de que gracias a comprender la ignorancia, podemos desterrar los juicios.

Cuando ves el mal como fruto de la ignorancia, crece la compasión y decrece el juicio.

—Anxo, ¿entonces hay que aplaudir a todos los malhechores de este mundo, dejarse robar cuando venga un ladrón y dejarse maltratar cuando venga un maltratador?

Por supuesto que no. Pero eso lo dejo para el siguiente Peldaño.

13. EL BEBÉ

No es más sabio el que condena a otro con razones de peso, sino el que consigue no condenar a nadie por mucho que las razones pesen.

Imagínate que tienes tu primer bebé. Eres testigo tanto de la falta de experiencia como de la ilusión con la que todo padre primerizo cuenta. Llega el día del nacimiento. Todo es alegría, emoción y sonrisas. Te dan el alta en el hospital y llegas a casa con el nuevo miembro que, aunque no lo sabes, está a punto de convertirse en el centro del universo, de *tu* universo. En China, cuando un bebé es hijo único, tiene a entre seis y diez adultos pendientes de él, y la familia acumula suficiente dinero para que el niño tenga de todo, lo denominan *el pequeño emperador*. «Entiendo el porqué», dices, tras transcurrir un mes de «tu» nueva vida.

Ahora, imagínate que alguien quisiera entrar en tu casa, ser el centro del cien por cien de tu atención, romper vasos y copas cuando le plazca, escupir la comida que le sirves y hacer sus necesidades en cualquier momento y en cualquier lugar. ¿A cuántas personas se lo permitirías? ¿Y a cuántas sin el menor reproche a su persona y a sus acciones? Absolutamente a nadie, salvo a uno: a tu «pequeño emperador».

Cada vez que el bebé entra en «modo destrucción», tú haces tres cosas...

Por un lado, lo que él ha destruido, tú lo intentas reconstruir. Si destroza una pared blanca con un rotulador negro, tú le das una capa de pintura a la pared. Si vierte un vaso de agua sobre su ropa, tú la secas. Y si rompe un jarrón, tú te pones a pegar sus piezas. Esto tiene que ver con arreglar daños pasados.

Por otro lado, evitas fomentar la destrucción. Si rompe un plato contra el suelo, no le das más para que los siga rompiendo, sino que los retiras del radio de su alcance o los cambias por otros de plástico. O sea, tomas medidas para evitar que vuelva a suceder. Esto tiene que ver con evitar daños futuros.

Pero el punto más importante es el tercero, y es que en ningún momento enjuicias a tu hijo en el presente, por enorme que sea el desastre que acaba de ocasionar. Si te inserta su dedo en tu ojo y te lo deja irritado durante horas, tú te proteges de su dedo, pero no te enfadas con él (a menos que tengas un Belt muy bajo), y no condenas ni castigas su actitud. No sólo no le devuelves su daño, sino que ni siquiera le enseñas que no puede hacer eso, ya que es demasiado pronto para su nivel de madurez. El menor de esos comportamientos realizado por cualquier otra persona hubiera provocado en tu interior una hoguera de frustración y furia; y sin embargo con tu bebé, que acaba de nacer, consigues contenerla toda gracias a dos palabras. Ambas son la culminación del Peldaño anterior. La primera es la ignorancia. No puede haber reproche hacia alguien que desconoce qué significa que algo sea reprochable. Y la segunda es que la ignorancia conlleva comprensión. Por eso respondes a su desconocimiento con amor, un amor compasivo.

—*Anxo, sé exactamente por dónde vas, pero ni por un momento te voy a comprar la teoría de que esto, que vale para un bebé, valga también para un adulto que actúa de forma incorrecta, ya que el adulto sí sabe la diferencia.*

(Atención porque estás a punto de leer uno de los mensajes más poderosos de todo el libro.) Te entiendo. Yo pensaba igual. Pero nos estamos equivocando ambos. Yo antes y tú ahora. ¿Por qué? Porque, en realidad, bebés son los dos, uno a nivel biológico exterior, y el otro a nivel evolutivo interior. **Cuando hablo de ignorancia en un adulto con un nivel evolutivo bajo, no me refiero a que él no sepa la diferencia entre hacer el mal y hacer el bien. Esa diferencia claro que la sabe. Lo que no sabe es cómo trascenderla para dejar de hacer lo que hace**. Desconoce cómo desarrollarse interiormente para elegir el bien por encima del mal de forma recurrente. Sigue comiendo en el restaurante malo porque desconoce que existe uno bueno y que además no cuesta más que el otro (igual que cuando haces el bien no cuesta más que hacer el mal).

Nadie que sepa lo que significa vivir en la luz elegiría ni por un segundo continuar en la sombra.

Por tanto, por supuesto que no hay que echarse a los brazos de un maltratador para dejarse maltratar, igual que no hay que darle más platos a un bebé que tiende a romperlos. La conclusión del símil del bebé está en que es correcto reparar el mal pasado y prevenir el mal futuro, pero sin juzgar en el presente. Cuando alguien te lance un insulto que tú nunca lanzarías a él, no es correcto decir que el insulto sea bueno, pero tampoco que la persona que lo profirió sea mala. Simplemente es que vive en la sombra de la ignorancia. Tan sólo piensa que el motivo por el que ha hecho algo así es porque todavía no ha alcanzado tu nivel evolutivo. Algún día trascenderá su nivel actual, mirará atrás, observará su comportamiento fruto de la ignorancia y exclamará mientras sacude su cabeza: «Qué poco sabía entonces».

Si consigues llegar a ver a la gente como bebés, conseguirás llegar a aumentar tu compasión hacia el mundo, encogiendo un poco más tus sombras y agrandando un poco más tu luz.

#88PeldañosGenteFeliz
El mal no se combate con armas. Se combate con libros.
@Anxo

14. EL DOCTORADO

Imagínate que eres un alumno de doctorado en Física cuántica en una prestigiosa universidad, la más prestigiosa de tu país. Has tenido el privilegio de acceder a los mejores profesores, contenidos, ejercicios y libros. Eso te ha permitido aumentar tu aprendizaje... y mucho. Hoy tienes un conocimiento con el que ninguno de todos los alumnos de niveles inferiores cuenta.

Un día te encuentras con un alumno de primero de bachillerato. Le explicas tus últimas publicaciones sobre física cuántica. Tú te esfuerzas en simplificar tu mensaje todo lo posible para que él pueda comprenderlo, pero su mirada revela con candidez que todo lo que tú le estás relatando no es más que un enigma para él. Ese enigma es fruto de un desfase. Tú hablas con el entendimiento del nivel de un doctorando, y él escucha con la comprensión del nivel de un pre-universitario. Aquí viene la cuestión. ¿Sería acertado frustrarte con él porque su grado de comprensión sea limitado? ¿Sería acertado reprocharle no estar en un nivel superior? Y la peor... ¿sería acertado imponer un castigo al alumno de primero de bachillerato por tener un nivel de primero de bachillerato?

La respuesta a todas estas preguntas es «no». Sería la postura más desacertada del mundo. ¿Por qué? Porque su nivel de conocimiento no es ni más ni menos que el correspondiente al nivel del grado académico en el que se encuentra.

(Permíteme un paréntesis: si tienes hijos, plantéate pasar más tiempo «disfrutándolos» y menos «educándolos». La mayor parte de las veces no están portándose mal. Están siendo simplemente... niños.)

¿Qué pasaría si aplicáramos este símil al nivel evolutivo de las personas? La conclusión de ese símil es que todos los niveles de sabiduría e ignorancia de las personas son ¡correctos! ¿Por qué? Porque igual que quien no ha leído la segunda parte de un libro no puede conocer más que la primera, quien está en un nivel evolutivo bajo no puede tener un nivel de consciencia propio de un nivel evolutivo alto. Cada nivel de conocimiento es el adecuado para cada nivel de evolución. El motivo es elemental, y es que es matemáticamente imposible tener un nivel de sabiduría mayor al de tu nivel de evolución, ya que si el nivel de sabiduría fuera mayor, el de evolución también lo sería. Esta es la razón por la que el grado de desarrollo de cada individuo es ¡correcto! (para el nivel en que se encuentra).

—*Anxo, por ésta sí que no paso...*

Antes de que entres en cólera...

No estoy diciendo que las personas actuemos siempre de forma perfecta. Lo que es adecuado no es la forma de actuar, sino la correlación entre la forma de actuar y el nivel evolutivo. No es más adecuado el grado de desarrollo del doctorando para un doctorando que el de un alumno de primaria para un alumno de primaria. Son ¡exactamente igual de adecuados! Para uno en su nivel y para el otro en el suyo. El delincuente actúa de forma perfectamente coherente con su Belt bajo de evolución, igual que el iluminado actúa en perfecta armonía con su Belt alto. Mientras uno experimenta ira y desaprobación hacia otras personas y situaciones más de 30 veces cada día, el otro las experimenta cero veces al año. Por tanto no estoy justificando que haya niveles altos de sombra, sino comprendiendo que no se puede actuar con mayores dosis de humanidad mientras no haya mayores niveles de luz.

Lo que acabo de detallar es la fórmula anti-frustración, anti-juicios y anti-condenas, y pro-aceptación, pro-comprensión y pro-compasión. Si lo que acabo de decir es cierto, y lo es, entonces ya no necesitas frustrarte con aquellos que actúan desde un estado de ignorancia, pues sería equivalente a que el doctorando se frustrase con los alumnos de bachillerato. Cada persona está en el punto perfecto de su proceso evolutivo, y pedirle un punto de evolución mayor mientras esté en un nivel evolutivo menor tendría tanto sentido como exigir a un alumno de primaria actuar como un alumno de doctorado.

Mario está contando un chiste con sus amigos de siempre en el primer bar que han encontrado. Durante su escenificación hace un gesto brusco y tira por los suelos la bandeja del camarero, con todas sus bebidas. El camarero pierde los papeles y empieza a gritar y a insultar a Mario. Mario no le devuelve los insultos, pero concluye que el camarero es un malnacido, y aunque no se nota, por dentro está terriblemente alterado.

¿Cómo podría haber digerido mejor esa situación? Comprendiendo que el comportamiento del camarero no es fruto de ser un malnacido. Es fruto de que aún está en la escuela primaria en su proceso de Éxito Interior.

#88PeldañosGenteFeliz
Todo el que actúa desde la oscuridad es porque
aún no sabe cómo encender su luz.
@Anxo

Relee este Peldaño cuando se dispare tu nivel de intolerancia hacia el comportamiento de otros y especialmente hacia el tuyo propio. Recuérdate que aún no estás en nivel de doctorado, sino tal vez en quinto grado de primaria. Reconocer esto te permitirá centrarte tan sólo en... cómo pasar a sexto. 😉

15. LAS DOS ALTURAS

Tras este Peldaño, me gustaría que a partir de ahora entiendas que existen dos tipos de altura. Una es la altura exterior; de las dos, esta altura importa muy poco. La otra es la interior. Ésa importa muchísimo. De hoy en adelante, cada vez que te encuentres a una persona, vas a reconocer que lo importante no es cuánto mide por fuera, sino cuánto mide por dentro.

La altura de fuera es la que se mide en cantidad de centímetros. Representa el éxito material. El éxito material no tiene nada de malo, salvo cuando es «egoico»: no sólo el «yo soy más alto que tú», sino también «mi casa es más grande que la tuya» o «he llegado más lejos en la vida que tú». Ese tipo de (lo que muchos llaman) «victorias» tienen un pequeño problema. Por un lado, la felicidad que otorgan es una felicidad robada del futuro. Si este mes te sientes muy feliz porque has sido el mejor (en clase, en el ranking de ventas, en un deporte), ¿cómo te sentirás el mes siguiente cuando dejes de serlo? Si era una felicidad basada en el ego, entonces no habrás obtenido beneficio, ya que la felicidad que el ego da cuando ganas es igual a la tristeza que el ego produce cuando pierdes. La felicidad egoica te da un subidón en el presente, pero a costa de un bajón en el futuro.

Por otro lado, esa felicidad es perecedera, ya que:

#88PeldañosGenteFeliz
no existe un solo éxito sin fecha de caducidad.
@Anxo

Me refiero, por supuesto al éxito exterior. Esa frase no aplica cuando nos referimos al Éxito Interior. Ése no es egoico y por tanto no perece. No se basa en superar a otros. No se basa en el HACER. Y desde luego, no se basa en el TENER. Se basa en el SER. Ésa es la clase de éxito que produce el segundo tipo de altura. No la exterior, sino la interior. No la que se mide en cantidad de centímetros, sino la que se mide en cantidad de luz.

Por tanto, empieza a ver a las personas no por si han conseguido muchas o pocas cosas (altura exterior), sino por si tienen mucha o poca luz (altura interior). Este nuevo baremo es mucho más democrático, ya que puedes encontrar gente alta por dentro con o sin altura por fuera, pero también con o sin dinero, con o sin estatus social, con o sin estudios, con o sin carisma, con o sin fama. Pueden contar o no con cualquiera de los componentes del éxito exterior, pero, sin embargo, sí o sí desprenden mucha luz: transmiten afabilidad, sensación de bienestar, tranquilidad, alegría, buena energía, magnetismo. Y esto es algo que se puede aprender a detectar. Éstas son las tres cualidades principales de la gente alta (por dentro):

1. Cuando sucede algo que perturbaría al resto del mundo, ellos mantienen un nivel de sorprendente calma, no por apatía, sino por evolución.
2. Viven alejados de la rigidez (a la hora de opinar, controlar o imponer).
3. No desprenden energía negativa (no hablarían mal de na-

die, no se ofenden, no enjuician, no etiquetan —«esta persona es tonta/tacaña/inaguantable...»—).

Seguro que al leer esas cualidades te han venido al menos tres personas a la mente. Te voy a pedir que anotes sus nombres aquí.

1. ____________ 2. ____________ 3. ____________

A lo mejor te ha dado pereza hacer el ejercicio, pero es importante que lo hagas por un motivo. Una de las mejores maneras de aprender y crecer es por osmosis, esto es, emulando o modelando a otros. Por tanto sería un enorme acierto que realmente anotes sus nombres a fin de tenerlos presentes. Si cuando quieras ganar altura interior, simplemente visualizas cómo actuaría cada uno de ellos en una situación similar, sólo ese hecho te hará más consciente de cómo actuar correctamente; e incluso sin hacer absolutamente nada, tu altura ya habrá aumentado.

Yo me pasé toda la vida viendo la altura exterior de las personas, pero era completamente ciego a la altura interior. ¿Por qué? Porque no era consciente del concepto. El día que descubrí que la altura interior existe, sólo por ser conocedor de ese concepto, entré en *shock* al darme cuenta de que personas de mi entorno que tanto yo como el resto del mundo veía como personas normalísimas, casi ordinarias (impopulares, sin grandes éxitos, descreídas), en realidad eran gigantes (por dentro): su forma de tratar a otros, su capacidad para no enfadarse o quebrantarse ante ofensas con las que otros tardarían un segundo en estallar, su capacidad para responder con amor a quien los trata con rabia. Ésos son los verdaderos héroes y no los otros. Y sin embargo el mundo admira a los personajes idolatrados por las masas por haber alcanzado un Belt 8 por fuera, a pesar de que a veces tan sólo cuenten con un Belt 1 por dentro. Este descubrimiento me causó retortijones en el cerebro sólo de pensar en el error tan grande en el que incurren casi todos (incluido mi «yo» de antes) al ignorar o despreciar a gigantes (interiores) y encumbrar a personas que pueden ser diminutas por dentro.

Cuando descubres el concepto de la *altura interior* y lo sumas al de la *maravillosa ignorancia*, es cuando aprendes a aumentar tu amor incondicional por las personas. Cuando te encuentres a personas enormes por fuera y diminutas por dentro, simplemente reconoce que quizá han sido brillantes y hasta genios en su área y que eso los convierte en alumnos de doctorado en éxito exterior, pero bebés en Éxito Interior. Y todo bebé se caracteriza por dos cosas: ser tremendamente precioso y ser tremendamente ignorante. Motivos ambos para ser amados.

Hay personas que son verdaderos gigantes a las que el mundo confunde con hormigas, y verdaderas hormigas a los que el mundo confunde con gigantes.

---

16. TODO ES PERFECTAMENTE PERFECTO

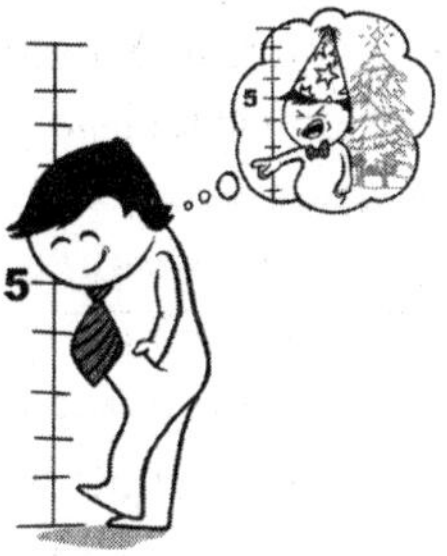

Ahora que has leído el Peldaño del doctorado (dos más atrás)...: ¿qué nivel es mejor?, ¿el de un alumno de 1º grado para un alumno de 1º grado o el de un alumno de 4º grado para un alumno de 4º grado?

Respuesta: ninguno es mejor. Son exactamente igual de correctos.

Recuerda ese símil porque te va a venir muy bien cada día del resto de tu vida. Es la fórmula mágica tanto para sentir comprensión hacia ti mismo cuando te encuentres con gente que tenga una altura (interior) mayor que la tuya, como hacia aquellos que la tengan menor. Con ella se puede neutralizar el deseo de enjuiciarte a ti mismo y de enjuiciar a otros, ya que es la fórmula que rompe las jerarquías. Tanto el nivel de 4º para un alumno de 4º como el nivel de 1º para un alumno de 1º son... perfectamente perfectos.

¿Y si un alumno de 4º actúa como uno de 1º? Entonces es que no era de 4º, sino de 1º.

Es la víspera del día Navidad. Llevas varias semanas leyendo Los 88 peldaños de la Gente Feliz, *y como consecuencia de ello, lle-*

vas casi un mes detectando tu ego y luchando contra él. Llegan todos los nietos, hijos, sobrinos a casa de tus padres y todo va tomando forma para la cena de Nochebuena en familia. Cuando apenas se ha servido el primer plato, tu cuñado te lanza un dardo malintencionado delante de todos. Tu ego te pide que se lo devuelvas con la frase más dura que se te ocurra y sacies tu deseo de quedar por encima. Tú sientes una pequeña guerra interna entre tu esencia, que te recuerda todo lo que has leído, y tu ego, que te pide revancha. Esta guerra sucede en milésimas de segundo, y finalmente gana tu ego. No controlas tu frustración y acabas gritando y agrediendo verbalmente a tu cuñado. Todos se quedan en shock, *y tú no tardas ni un segundo en arrepentirte de lo que acabas de hacer. Sientes que se acaba de arruinar la cena navideña de toda la familia, te retiras corriendo a tu dormitorio, y notas que tu mayor sufrimiento ni siquiera procede de ahí, sino de todo el abatimiento posterior y la sensación tan grande de culpa que tu ego te inculca. «Soy terrible», te reprochas a ti mismo. «Es iluso por mi parte soñar con una altura interior mayor que la que tengo. Fracaso una y otra vez», son las palabras de tu voz interior (por supuesto dirigidas por tu ego). Pero, de repente, recuerdas este Peldaño y mantienes una conversación interna contigo mismo que te permite llegar a la conclusión tú solo. «Espera. Si mi altura interior fuera una escuela, ¿en qué grado estaría? En 5º grado», te respondes. «¿Y cómo es el nivel de un alumno de 5º grado con respecto al 5º grado?», piensas por unos segundos. Y tu propia respuesta te permite aceptarte, perdonarte y sentir una paz que vale oro:* ***perfectamente perfecto****.*

¿Cómo fue tu comportamiento de ese día? Total, absoluta y perfectamente correlacionado con tu Belt interior. Algún día, cuando trasciendas tu altura actual y alcances la altura de un Belt interior superior, mirarás atrás, recordarás tu «comportamiento navideño» y ni siquiera te lo echarás en cara. Sólo sonreirás y te dirás: «Pobre... Era mi yo de hace unos años, el cual también actuaba desde la ignorancia». Y te lo dirás casi con la misma ternura con la que ves al bebé que quemó la casa porque desconocía el peligro de jugar con fuego. Eso es el amor compasivo que nos permite no apuntarnos con el dedo a nosotros de forma condenatoria, ni hacerlo con los demás. Todos tenemos un comportamiento que con respecto a nuestro nivel evolutivo es...

Perfectamente perfecto.

Ya sé que te mueres por lanzar la típica pregunta:

—*Anxo, ¿estás diciendo que entonces cuando alguien elige el camino de la destrucción hay que quedarse de brazos cruzados y hasta fomentarlo?*

Por supuesto que no. Todos los actos pueden clasificarse como en contra de la vida o a favor. Gritar o insultar va en contra. Contener un insulto va a favor. Y nada en este libro fomenta lo primero. Ésta es la solución al dilema que tú (y muchos más) tienes:

#88PeldañosGenteFeliz
Máximo esfuerzo para provocar mejoras futuras.
Máxima comprensión para aceptar situaciones pasadas.
@Anxo

17. ¿CONOCES A ALGUIEN LLENO DE INSEGURIDADES?

Léele este Peldaño.

Una mitad del mundo piensa que el resto tiene más amigos, más dinero y más éxito que ellos.

¿Sabes qué piensa la otra mitad?

Exactamente lo mismo.

El problema de las inseguridades es que son monstruos terribles, dañinos y abominables… pero sólo en la cabeza de quien los crea. No existen. Nunca. No tienen un solo gramo de validez. ¿En qué me baso para realizar esta afirmación? En que por cada adolescente atormentada por el tamaño de sus pechos, hay millones con exactamente el mismo tamaño que son perfectamente felices. Por cada chico al que le da vergüenza aparecer con acné en público, hay millones que lo hacen tan tranquilos cada día, y su felicidad no decrece. Las inseguridades te crean un problema a costa de tu felicidad, haciendo el problema más grande, y tu felicidad, más pequeña. Por tanto, si alguien define su inseguridad como un problema y sufre por ello, y sin embargo millones de personas con exactamente el mismo supuesto problema son felices, el único problema que existe no es el problema en sí, sino lo que tú le cuentas a tu cerebro sobre tu «problema». Espera, que esto hay que repetirlo: **el daño no procede del supuesto problema, sino de que tú convenzas a tu cerebro de que lo es**. Existe un lenguaje interior que es el que convence al cerebro de que tienes un problema. Este lenguaje es puro veneno.

¿Cómo puedo eliminar el problema?

Eliminando el veneno.

Esto es lo que tienes que hacer. Primero, identifica el veneno. No se puede eliminar algo de lo que no se es consciente. Párate a reflexionar y cuenta las veces que detectas tu voz interior alimentando con veneno tu cerebro:

Si fuera tan alta como Marta...
Si tuviera la inteligencia de Sergio...
Qué mal salgo en las fotos...
Seguro que odian mi timbre de voz...

Luego, trabaja por adiestrar esa voz para que pase de envenenadora a apaciguadora. ¿Cómo? Así:

Si no te gusta tu altura, taladra al cerebro con esta otra frase:

Por cada persona insatisfecha con esta misma altura hay millones perfectamente felices con ella.

Si no te gustan tus canas, dile esto a tu mente:

De toda la sala sólo hay una persona que se fije en cada una de ellas: yo.

Si crees que fulanito es mejor que tú en todo, oblígate a pensar esto otro:

Por cada cosa que yo hago mal y él bien, hay al menos otra que yo hago bien y él no (si bien mi felicidad no debería depender de ello).

Reflexiona sobre esta pregunta, verás qué interesante: ¿cómo puede ser que haya dos personas completamente calvas y sin embargo una esté feliz con ello y la otra no?

Respuesta: porque la felicidad no tiene que ver con el cabello, sino con la actitud.

Y ése es el quid de este Peldaño. Creamos una correlación entre calvicie e infelicidad, pero esa correlación no existe. Lo que afecta a la felicidad no es la calvicie, sino lo que tú le dices a tu cerebro con respecto a ella. (Sustituye la palabra «calvicie» por cualquier inseguridad.)

#88PeldañosGenteFeliz
No dejes de bailar porque te sientas inseguro con tu ritmo. Aprende de las aves. Ni siquiera una deja de cantar porque se sienta insegura con su voz.
@Anxo

Siempre he admirado a mi madre por muchos motivos, pero uno de los principales es que, sin ser la mayor *top model* internacional, nunca ha tenido ninguna inseguridad. Es feliz con lo que la vida le ha dado. Y yo he intentado aprender de ella (seguro que con menos éxito).

En ningún momento estoy diciendo que si no te gusta tu peso, no adelgaces. Todo aquello que puedas cambiar para mejorar, deberías cambiarlo, pero con aquello que no, trabaja tu aceptación. Y sí, es un trabajo (pero uno que realmente vale la pena).

Aquí tres consejos de cierre para llevar todo esto a la práctica.

Primero. Cuando te enfrentes a una inseguridad, tómatela como un apetecible baño en un precioso océano, pero con el agua muy fría (el Atlántico de Fisterra, por ejemplo). Entiende que las inseguridades no se vencen de golpe, sino entrando poco a poco, y que, cuanto más te vas sumergiendo, más tu cuerpo se va adaptando. Una vez dentro, el frío ya no te afecta, pero lo maravilloso de esto es que la temperatura del agua no ha cambiado.

Segundo. Repite incesantemente esta poderosísima frase a tu cerebro: «NO PASA NADA». Si puedes adentrarte en el océano sin morir en el intento, es porque tu cerebro sabe que por entrar en el océano uno no se muere, o sea, porque NO PASA NADA. Lo mismo ocurre con las inseguridades. No tapes tu calva, no ocultes tu verruga, no escondas tu cojera. ¿Por qué? Porque aunque tu voz interior quiera sabotear a tu cerebro, éste ahora conoce la verdad. ¿Y qué dice la verdad? Que si lo piensas, realmente... NUNCA PASA NADA. Exponte y lo comprobarás.

Y tercero. En la vigésima edición de *Los 88 Peldaños del Éxito* hicimos una versión ampliada que no muchos tienen en su poder y que incluía 88 mini-peldaños (puedes encontrarlos ya incorporados en todas las ediciones sucesivas). De todos, voy a rescatar uno que es el colofón perfecto para este Peldaño. Te va a gustar.

Are you ready?

¿Te preocupa lo que otros piensen de ti? Reconoce que si cada persona que te conoce a ti conoce a mil más, a ti no te tocaría ni el 1% de sus pensamientos.

Así que respira(te), ama(te) y disfruta(te).

18. LA RENDICIÓN

Lo peor no es no encontrar la salida del hoyo.
Lo peor es seguir cavando.

El punto de crecimiento del Éxito Interior tiene lugar cuando se toma consciencia del mecanismo que lo constituye. Conocer este mecanismo e implementarlo no supone la salida inmediata del pozo, pero sí dejar de cavar. Este mecanismo, responsable PRINCIPAL de provocar un cambio hacia mejor en tu vida, se llama la *rendición*.

Lo contrario de estar en estado de rendición es ser obtuso, «hiper-mega-convencido» de que «lo que yo creo es la verdad absoluta», de que «no vengas tú ahora a decirme lo contrario» y de que «diez años creyendo lo que creo no pueden ser diez años estando equivocado».

No hagas eso. No cometas el error que yo cometí. Ábrete a formas nuevas de pensar. Una parte de nuestras creencias siempre es errónea, y subir de Belt en nuestro Éxito Interior es estar abiertos a reconocer errores, mostrarnos vulnerables (me equivoqué, necesito ayuda con esto, reconozco que aquello me cuesta...) y dejar atrás los posicionamientos rígidos e inflexibles propios de la gente que se encuentra en Belts inferiores.

Cuando llevas toda la vida defendiendo una idea, una forma de actuar o una creencia, romper con ella supone rendirse. Supone decir: «No tenía razón» (o al menos «estoy abierto a no tenerla»). Pero para pronunciar esas tres palabras, incluso si las pronuncias sólo en tu mente, hace falta contar con una herramienta con la que las personas débiles no cuentan. Es la herramienta de la humildad. Soltar el lastre de creencias anteriores es una de las tareas más difíciles para el ego. Sólo cuando se conquista la humildad se puede hacer el enorme sacrificio de pronunciar ese «no tengo razón» y tener el poder suficiente para abrirse a la posibilidad de tal vez cambiar un patrón erróneo perpetuado durante años. Al ego le encanta tener razón. Cuando das un consejo a alguien, él no lo sigue y le acaba yendo mal y tú le dices: «¡Ya te lo dije!»; ¿alguna vez te has parado a pensar por qué obtienes TANTO placer al decírselo? Es porque tu ego acaba de recibir un chute de gasolina. Privar al ego de ese placer de tener razón, de decir «yo estoy en lo cierto y tú no», de defender tu opinión o tu creencia contra las de otros, es cortarle la gasolina que lo alimenta. Sólo cuando alguien está en posición de hacer algo así estará en posición de evolucionar. Ahí es cuando se produce el punto de crecimiento, la RENDICIÓN; cuando se pasa de cavar hacia el hundimiento a escalar hacia la luz.

Te voy a dar un ejemplo.

Cuando en el Peldaño 11 hablé de mi creencia equivocada en lo tocante al amor incondicional durante años, cuando alguien me hablaba de la importancia de emitir amor sin juicio, yo refutaba esa postura de forma implacable, víctima de la rigidez. «Llevo toda la vida defendiendo esta postura. No me vas a convencer de lo contrario. Si alguien hace daño a mi familia, por ejemplo, no tendría sentido darle mi amor ni desearle el bien», afirmaba yo de forma rotunda. No existía por mi parte ni la rendición ni la humildad suficientes para abrir la puerta a cualquier tipo de duda o cuestionamiento a mi creencia anterior. El ego obtiene mucho jugo de la firmeza, de lo absoluto, por tanto la duda es su enemigo. Estar abierto (Belt alto) es más difícil que estar cerrado (Belt bajo). Pero la duda abre la puerta al crecimiento, ya que cuestiona lo anterior para dar paso a lo siguiente.

Es tan infrecuente la certeza en los sabios como la duda en los necios.

El ego sufre cuando la puerta a la duda se abre, ya que la duda, lejos de agrandarlo, lo encoge. Cada vez que yo refutaba con vehemencia cualquier argumento contrario al mío, no sólo no me acercaba a la postura que hoy considero verdadera, esto es, a salir de mi hoyo, sino que, además, me alejaba más de ella, esto es, no dejaba de cavar. Sólo cuando tuve la humildad suficiente para abrir la puerta a la duda, se produjo la rendición. «¿Qué pasa si lo que me están diciendo tiene validez?», me dije. «¿Qué pasa si el que estaba equivocado todos estos años era yo?».

¡Auch! Eso duele mucho... al ego.

Pero entrar ahí es dar paso al punto de crecimiento. Y no entrar es perpetuar el estancamiento.

Durante el período en el que florece el punto de crecimiento hay mucha inestabilidad. «Ahora mismo no sé ni qué creo ni qué no», dices. Ese tipo de frases es indicativo de progreso. Vas por el buen camino. La inestabilidad indica apertura, y sólo cuando se está abierto a cambiar de dirección se puede encontrar el rumbo correcto.

—Anxo, ¿y si estoy cuestionando algo que ya era veraz?

Recuerda que sólo al ego le molesta el cuestionamiento. A la esencia, no. Cuestionar siempre te beneficia. Si te cuestionas una creencia que ya era correcta, acabarás en la misma conclusión. Y si la acabas cambiando, será porque necesitaba ser cambiada. Lo importante no es qué crees, sino cómo de dispuesto estás a mejorarlo.

¿Recuerdas la película *Karate Kid*? Daniel sólo quería aprender kárate. ¿Y qué hizo el profesor Miyagi? Decirle que para conseguirlo tenía que «dar cera» y «pulir cera». Daniel (en realidad, su ego) se rebeló con furia sin ver ningún sentido a esa enseñanza. El profesor Miyagi esperó pacientemente hasta conseguir que Daniel se rindiera a ella. Lo que buscaba era quebrar su ego, su RENDICIÓN. Y sólo tras conseguirlo, podía producirse... su punto de inicio del crecimiento.

#88PeldañosGenteFeliz
Sólo el hierro que se rinde al fuego se vuelve vasija.
@Anxo

19. NO, ANXO... ERA AL REVÉS

Uno de los motivos por los que me ha encantado escribir *Los 88 Peldaños de la Gente Feliz* es porque está escrito desde la plena humildad y rendición. La gente que me ha acompañado durante el proceso de escritura me ha escuchado pronunciar y aplicarme numerosas veces la siguiente máxima, quizá como resultado precisamente de la escritura del libro:

**Sabes que creces cuando cada año...
sabes menos.**

No hay un solo tema de todos los incluidos que yo tenga conquistado al cien por cien. En todos soy más alumno que profesor y me llena de plenitud reconocerlo (eso sin tener en cuenta la carga que me supondría intentar parecer lo contrario). Por tanto el libro está siendo de un enorme impacto en mi vida, dado que yo necesito leerlo y aplicarlo tanto como el que más. Te aseguro que lo he leído ya varias veces y mi intención es que me acompañe siempre como un libro de referencia al que recurrir. Que yo sea el autor es absolutamente irrelevante. Lo importante no es el nombre del mensajero, sino el valor del mensaje. Te animo a que hagas lo mismo, ya que **el número de veces que lo consultes será proporcional al número de veces que crezcas**.

El proceso de transformación que está suponiendo para mí es tan bonito que, a veces, no doy crédito a mi forma de pensar y sentir anterior. Y dado que mi intención es escribirlo desde la más absoluta humildad, me gustaría contarte muchos de los errores que yo cometí durante años en mi forma de ver la vida. Lo que viene a continuación es una conversación entre dos personas. Ambos llevan por nombre Anxo, y, aunque en realidad ambos son la misma persona, podría decirse que son dos personas radicalmente diferentes, dado el momento vital vivido por cada una.

Anxo de antes: *Si alguien te insulta y no te ofendes, es que eres tonto.*
Anxo de ahora: *No, Anxo... Era al revés. Si alguien te insulta y no te ofendes, es que reconoces que todo insulto procede de una ignorancia.*

Anxo de antes: *Las personas que se enfadan y se mantienen firmes son personas fuertes.*
Anxo de ahora: *No, Anxo... Era al revés. Las personas que se enfadan son personas débiles, sin la fuerza necesaria para contener su ira.*

Anxo de antes: *Si proyectas seriedad, te tienen un respeto mayor.*
Anxo de ahora: *No, Anxo... Era al revés. Sólo te respetan más aquellos que tienen una sabiduría menor.*

Anxo de antes: *Si sonríes mucho, puedes ser visto como alguien blando.*
Anxo de ahora: *No, Anxo... Era al revés. Una sonrisa genuina indica una vida plena.*

Anxo de antes: *Los que actúan como la sociedad espera, son más felices.*
Anxo de ahora: *No, Anxo... Era al revés. Actuar sólo para complacer es la mejor manera de vivir un sinvivir.*

Anxo de antes: *Los que más desconfían de otros tienen vidas más protegidas.*
Anxo de ahora: *No, Anxo... Era al revés. Las tienen más apagadas.*

Anxo de antes: *Si mi cabeza no puede entenderlo, no puede ser real.*
Anxo de ahora: *No, Anxo... Era al revés. Existen más canales de entendimiento y percepción que el de la mente, y descubrirlos es aumentar el crecimiento interior. [Esta caja de Pandora tendré que abrirla en algún otro libro.]*

Anxo de antes: *A las cosas hay que llamarlas por su nombre. Juzgar a alguien que hace algo malo no es malo, sino bueno.*
Anxo de ahora: *No, Anxo... Era al revés. Eliminar el juicio es el primer paso para conquistar el Éxito Interior... y poder subir de Belt.*

#88PeldañosGenteFeliz
La gente vive convencida de que su mundo es un único cuadro. Hasta que un día levanta la cabeza y ve que estaba en un museo.
@Anxo

Cuando trasciendes tus creencias anteriores (ves el museo) te das cuenta de lo pequeña que era tu forma de pensar (tu cuadro).

20. LA ASIGNATURA MÁS DIFÍCIL

La asignatura más difícil es cómo conseguir ser feliz por dentro independientemente de lo que suceda por fuera.

—*¿Eso es realmente posible?*

—Sí. Es posible.

—*Anxo, ¿me estás diciendo que si la vida me trae una enfermedad, me quedo sin trabajo y sufro un accidente, puedo mantener mi nivel de felicidad?*

—Sí, pero que lo consigas o no depende de si tu Belt del Éxito Interior es alto o bajo. Cuanto mayor sea el reto, mayor deberá ser tu altura interior.

—*¿Por qué?*

—Porque un problema de Belt 8 sólo se puede gestionar con un nivel de Éxito Interior de Belt 8, ya que sólo puedes superar los retos que sean de tu mismo nivel. Si quieres superar retos mayores, tendrás que alcanzar niveles de Éxito Interior mayores.

—*¿Y cómo se hace eso?*

—Siempre... domesticando tu ego.

Aquí van tres ejemplos que representan tres de los retos más complicados dentro de la asignatura más difícil:

1. Te pasas varios años estudiando para unas oposiciones para un trabajo en la administración pública; cuando llega el día del examen, te pones nervioso y lo suspendes.
2. Tu pareja te deja.
3. Y el más difícil, pierdes a un ser querido.

Supongo que el primero te habrá parecido realmente duro de superar, el segundo complicadísimo, y el tercero directamente imposible. Pero tengo una noticia para ti. Ahora mismo, en este preciso momento, existe gente sobre la tierra, mucha, que puede conseguirlo, y además puede hacerlo manteniendo su paz interior. Ésta es la fórmula.

Cuando amas con todas tus fuerzas a ese ser querido o incluso la consecución de un objetivo, ese deseo o pasión, llamémoslo amor, en realidad puede ser de dos tipos, el puro y el impuro. El amor puro representa el amor genuino. Es el que procede de tu Bolsa Blanca, tu esencia. El amor impuro, que no debería llamarse amor, es el egoísta. Es el que procede de tu Bolsa Negra, de tu ego (amor egoico). En el ejemplo de la pareja es donde más evidentes se hacen ambos. ¿Qué sucede cuando te deja alguien por quien sientes un amor incondicional? Deseas fervientemente su propio bien. ¿Qué sucede cuando te deja alguien por quien tenías un amor condicionado? Pasas de amar a esa persona a detestarla o incluso odiarla.

Si no le deseas bien cuando ya no lo tienes, es que tu amor era sólo egoísta.

¿Cuál es entonces la conclusión? Si todo amor hacia algo o alguien puede ser de dos tipos: puro (incondicional, centrado en el otro) e impuro (condicionado, centrado en uno mismo), cada vez que tu amor por alguien sea impuro o desde el ego, éste será un amor de servidumbre hacia ti: «Te quiero por lo que me das, y el día que dejas de dármelo, yo dejo de quererte». O incluso: «Te necesito» (es decir, te necesito para mi propia estabilidad y bienestar; para no enfrentarme a mi miedo a la soledad, etc.), «y si enfermas y desapareces de mi vida, sufriré». ¿Sufres por la persona que ya no está? En absoluto. Esa persona ya no lo está pasando mal. Quien lo pasa mal eres tú. Por tanto no sufres por ella, sino por ti y por los miedos no sanados con los que afrontas la nueva situación. ¿Quién te está haciendo sufrir? Por supuesto... tu ego. Cuando aprendes a domesticarlo más, aprendes a sufrir menos. Toma consciencia de tus miedos observando de dónde procede tu sufrimiento, y verás que no tiene nada que ver con quién se ha marchado (él o ella), sino con quién sigue aquí (tú).

Soy consciente de que éste es un tema avanzado, para personas con mucha altura y mucha evolución (Belt 7 o Belt 8), pero no te exijas ese nivel de momento. Sólo reflexionando sobre esto, siempre y cuando tu mente no combata mis palabras, ya estarás desactivando tus mini-bombas (Peldaño siguiente) o campo de minas y haciendo tu ego menos vulnerable para el día en que la vida te ponga a prueba. Parece inverosímil, pero créeme que es cierto.

«¿Y si fracaso en un objetivo y me enfado conmigo mismo? ¿Eso también era amor egoico? ¿No es normal autoflagelarme un poco si suspendo las oposiciones tras años de estudio?». El desear genuinamente alcanzar ese objetivo y trabajar arduamente de cara a ello es perfectamente legítimo. Pero no aceptar fracasar en su consecución cuando has hecho todo lo que has podido hacer, eso sí viene del ego. No aceptas el resultado y no te amas lo suficiente como para no reprocharte a ti mismo el fracaso. Y eso es lo que te hace sufrir. Tu ego dice: «Tengo que alcanzar esto como sea. Y si no lo alcanzo, no lo aceptaré, no me perdonaré a mí mismo y por supuesto... sufriré».

¿De dónde procede todo el sufrimiento? Siempre, siempre, siempre... de tu ego.

#88PeldañosGenteFeliz
La aceptación tiene el mismo poder sobre el sufrimiento que un rayo de luz sobre una sombra.
@Anxo

21. ¿ACTIVADAS O DESACTIVADAS?

Anxo, todo este rollo sobre el ego... ¿realmente es tan importante luchar contra él? ¿Qué pasa si prefiero quedarme con mi felicidad egoica? El ego puede dar mucho placer.

Te responderé con otra pregunta. Si el jardín de tu casa estuviera lleno de mini-bombas, ¿preferirías activarlas o desactivarlas?

Todos tenemos un jardín lleno de mini-bombas. Cada una de esas mini-bombas es cada uno de los tentáculos del ego. Cuando ese tentáculo está por conquistar, significa que tu bomba está activada: por ejemplo cuando te molesta el éxito de otros (tentáculo de la envidia), cuando sientes temor a lo que pase en el futuro (tentáculo del miedo), cuando te sientes un poco superior a otros (tentáculo de la soberbia). Y cuando ese tentáculo está conquistado, significa que esa mini-bomba que lo representa está desactivada. Había un mensaje en el Peldaño anterior de una importancia colosal. Es la respuesta a por qué es tan importante controlar el ego:

Porque **a mayor ego... mayor sufrimiento**.

¿Qué sucede cuando el número de mini-bombas activas es muy alto? Que el número de explosiones ¡también lo es!

¿Albergas la mini-bomba del rencor? Cada vez que recuerdes la traición de tu amigo, tu explosivo hará ¡BUM! Y tú sufrirás.

¿Albergas la mini-bomba del victimismo? Cada vez que tu hijo no venga a verte o que tus amigos no te inviten a una fiesta, tu explosivo hará ¡BUM! Y tú sufrirás.

¿Albergas la mini-bomba de la envidia? Cada vez que tu compañero de clase te supere en un examen o tu compañero de profesión obtenga un reconocimiento, tu explosivo hará ¡BUM! Y tú sufrirás.

Si quieres desactivar tus bombas, es muy fácil: suelta el rencor («lo que hizo no me gustó, pero no creo en el resentimiento»), apaga la voz del victimismo («amo igual a mi hijo tanto si viene a verme como si no»), elimina la envidia («seguro que se lo merece. Me alegro por él»).

Hubo una época de mi vida en la que cuando me encontraba con alguien que (aunque yo no lo supiera) tenía mucho Éxito Interior, pero poco postureo (ropa sencilla, sonrisa constante, cero pretensiones), al verlo así tan descreído y simple —es decir, lo que para el mundo sería alguien que no proyecta éxito—, yo lo veía una persona débil. Y al poderoso, lleno de reconocimientos y triunfos, tal vez con mano dura, arrogante, serio, rígido y muy convencido de cómo tienen que ser las cosas, yo lo veía como una persona fuerte. Y descubrí que es justo al revés. Aquel que es aparentemente débil y cuenta con un gran equilibrio interior tiene domesticado su ego, y por tanto tiene sus mini-bombas desactivadas. Ése es fuerte porque sufre poco. Aquel que es aparentemente fuerte y rígido y está muy lejos de domesticar su ego, cuenta con un enorme campo de bombas a punto de explotar. Ése es débil porque sufre mucho (y cada día). La vulnerabilidad de uno hacia las explosiones es baja y la del otro es altísima.

Por la mañana, cuando cada uno de ellos se encuentra a un conductor que les toca el claxon enojado, el primero se mantiene inalterado porque ha desactivado la mini-bomba de la ira. El segundo le devuelve la alteración, se irrita y sufre (llevaba su mini-bomba activada). Por la tarde, cuando les ponen una multa, el primero la acepta y reconoce su error, ya que ha desactivado la mini-bomba de la arrogancia. El segundo se enfrenta al agente de tráfico, se le hincha la vena del cuello y su cólera le arruina la tarde (su bomba ha explotado). Por la noche, cuando alguien les hace una crítica desacertada, el primero no piensa en los motivos que pudieran desmentirla, sino en aquellos que pudieran confirmarla, ya que su ego no le pide tener razón (bomba desactivada). El segundo la toma como el mayor de los ataques. Su mini-bomba del ego acaba de explotar, y él... acaba de sufrir.

Sólo una cosa te hace vulnerable al sufrimiento: tu ego.

Aquí te dejo tres máximas de cierre. Si al leerlas sientes que sus lecciones son algo que te ves aplicando en tu día a día, será indicativo de que estás domesticando tu ego y desactivando tus mini-bombas. En caso contrario, será indicativo de que aún te falta mucho.

Usa toda la energía que empleas en quejarte de la oscuridad para encender tu luz.

No busques triunfar. Busca aprender.

#88PeldañosGenteFeliz
Cuando te tiren piedras, construye puentes.
@Anxo

22. EL PLACER OCULTO

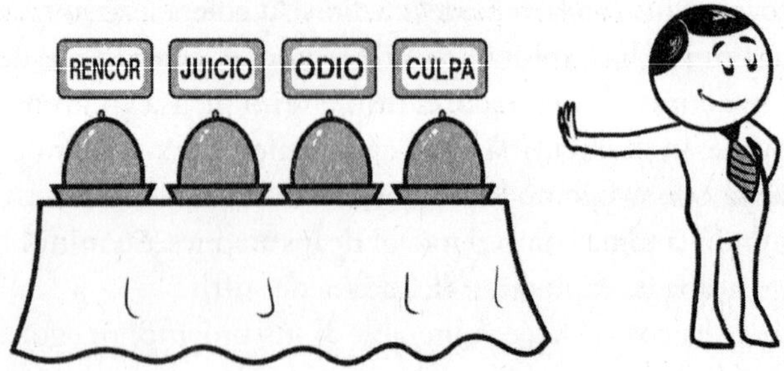

Sandra es la propietaria de una tienda de ropa. Inés, su amiga de la infancia, acaba de recibir la noticia de que su hermana se casa, y necesita encontrar el vestido perfecto para ponerse. Se caracteriza por ser una mujer indecisa e insegura, a la que le suele costar encontrar prendas de ropa que le convenzan y con las que se sienta a gusto. Un día ve un vestido en una revista y, a pesar de ser algo caro, de forma compulsiva le pide el favor a su amiga de que se lo consiga, por supuesto con el compromiso de comprárselo. Sandra accede a la petición de Inés y mueve cielo y tierra para lograr encontrar justo ese vestido. Tras varias horas de búsqueda, llamadas y correos electrónicos, Sandra consigue por fin dar con él y efectuar el pedido.

Un día antes de llegar el vestido a la tienda, Inés pasa por delante de un escaparate y se enamora de uno que le parece idóneo. Lo compra y cancela su compromiso previo. Sandra, que ya había efectuado el pago, llama desesperada al fabricante con la intención de devolverlo, pero éste le dice que no es posible. Entra en cólera.

—¿Cómo puedes hacerme esto? Somos amigas desde la infancia. Tuve toda la tarde a dos de mis empleadas buscando tu vestido, hice el desembolso del dinero, perdí la opción de recuperarlo y

tienes el descaro de comprárselo a la competencia. Me has hecho perder dinero. Seguro que lo has hecho de forma premeditada. Siento decirte esto, pero no eres buena persona.

—Sandra, no digas eso. Simplemente lo vi y lo compré. No era consciente de que ya habías efectuado un pago. ¿Cómo puedes pensar que lo he hecho para fastidiarte? Lo siento, de verdad.

—¿Que lo sientes? ¿Sabes qué te digo? Disfruta de tu vestido de pacotilla y no me vuelvas a pedir más favores nunca más.

Años después, conversando con su marido, éste pregunta a Sandra por Inés:

—Mientras no me pida perdón, no volveré a dirigirle la palabra —le responde Sandra rencorosa.

Presta atención a la conclusión de esta historia. Es demoledora.

Cada vez que eliges tener rencor («*Mientras no me pida perdón*»)...
... obtienes un placer.

Cada vez que deseas castigar a alguien («*No volveré a dirigirle la palabra*»)...
... obtienes un placer.

Cada vez que eliges el victimismo («*¿Cómo puedes hacerme esto?*»)...
... obtienes un placer.

Cada vez que culpas a alguien («*Lo has hecho de forma premeditada*»)...
... obtienes un placer.

Cada vez que realizas un reproche («Y *tienes el descaro de comprárselo a la competencia*»)...
... obtienes un placer.

Cada vez que acusas («*Me has hecho perder dinero*»)...
... obtienes un placer.

Cada vez que emites un juicio («*No eres buena persona*»)...
... obtienes un placer.

Cada vez que hablas para tener razón tú y quitársela al otro, dices cosas con rabia, das alas a tu ira, rechazas a otro ser humano, retiras el amor...
... obtienes un placer.

Es el placer oculto del ego.

Se trata de un regocijo, de un gusto. Sentir rabia da placer. Llenarte de razón da placer. Alimentar los motivos para no perdonar da placer. Mantener vivo el rencor da placer. Castigar da placer. Mantenerse en el orgullo y no dar el brazo a torcer da placer. Ese placer es la única comida de la que se alimenta el ego, y por tanto es lo único que lo mantiene vivo. Es un veneno y es una tentación beberlo, pero cuando no lo haces, cuando tienes la fuerza de renunciar a él, cortas el alimento y asfixias el ego.

#88PeldañosGenteFeliz
El ego es un bufet de tentaciones en el que quien más gana es quien menos come.
@Anxo

23. EL NIETO DE GANDHI

A veces digo, en tono jocoso, que me persigue la felicidad, ya que no recuerdo ningún año en el que, en cómputo general, no haya sido feliz. Unos días antes de escribir estas líneas, publicaba esto en mi cuenta de Twitter:

Llevo varios años viviendo «el mejor año de mi vida».

Al principio creí que era cuestión de suerte.

Después aprendí que era un tema de actitud.

@Anxo

Pero curiosamente, al releerlo luego me di cuenta de que no lo había escrito con la debida claridad. Da la impresión de que me refería a que yo tenía la actitud correcta para alcanzar el éxito que me permitía ser feliz, cuando lo que quise decir fue que tenía la actitud correcta para ser feliz incluso cada vez que no alcanzaba un éxito.

(En realidad no tengo ningún mérito por tener esa actitud, ya que la heredé «enterita» de mi madre, que es la verdadera maestra en el tema.)

Cuento esto por dos motivos. El primero: porque a diferencia de lo que muchos puedan creer, no siempre tuve la vida que deseaba. El segundo: porque, incluso viviendo una vida «no deseada», uno también puede ser feliz. Y yo lo fui. Si mi vida actual es mi vida en color, mi vida en blanco y negro (la que no me gustaba tanto) fue mi época de intérprete (traductor simultáneo). Pero, he aprendido que...

#88PeldañosGenteFeliz
En las noches más oscuras se encuentran
los destellos más brillantes.
@Anxo

Uno de esos destellos fue ser intérprete de numerosas personalidades, de las que aprendí enormemente, como Muhammad Yunus, premio Nobel de la Paz, Murray Gell-Mann, premio Nobel de Física, o Arun Gandhi, renombrado activista y conferenciante internacional y nieto de Gandhi. De todos aprendí enormemente, y si bien el que más influyó sobre mí fue Yunus, la historia más impactante me la contó Arun Gandhi. Ojalá te acompañe hasta el final de tu vida, ya que la historia es muy poderosa y su lección lo es más.

Cuando Arun era niño, su abuelo, el Mahatma Gandhi, ya era una gran personalidad en la India y ya había hecho méritos para convertirse en una figura clave del siglo XX. *Todos los nietos del Mahatma sentían una profunda admiración por él, y aprovechaban cada oportunidad que les ofrecía para pasar tiempo a su lado, aprender de él y disfrutar de los sitios a los que los llevaba. Intentaba ser muy equitativo con el reparto de su tiempo, y el día que invitó a Arun a ir con él a la ciudad a pasar un sábado entero, él asintió sin dudar, llenando su cuerpo de una enorme ilusión.*

—Arun —le dijo el Mahatma—, por la mañana podrás acompañarme a todas mis reuniones. Por la tarde tendrás tiempo libre en la ciudad y podrás pasar un rato con tus primos, pero has de reunirte conmigo en este mismo punto de encuentro a las cinco de la tarde. Es importante que no llegues tarde.

—Gracias, abuelo. Así lo haré. Descuida —respondió Arun.

De camino a casa de sus primos, Arun pasó delante de un cine y, como nunca había estado en uno, decidió cambiar la visita por la película. La experiencia fue fascinante para él, sólo que hubo un problema. La película lo cautivó tanto que perdió la noción del tiempo. Por supuesto, a las 17.00 en punto su abuelo estaba en el lugar de encuentro esperándolo.

17.15... 17.30... 17.45... No había rastro de su nieto. Gandhi estaba desesperado.

La película no acabó hasta las cinco y media de la tarde. Cuando el muchacho fue consciente de la hora, sintió un temblor por todo su ser. Notó que su corazón no daba abasto a bombear toda la sangre que su cuerpo necesitaba, y, agobiado, corrió con la misma ansia que si alguien lo estuviera persiguiendo. No llegó hasta pasadas las seis, y, cuando lo hizo, vio que el rostro de su abuelo era un poema de desencanto.

—Abuelo, lo siento —se disculpó—. Los tíos se demoraron con la comida, me pidieron quedarme para el postre y... claro, no les iba a decir que no...

Pero el Mahatma ya había hablado con sus tíos y sabía que lo que su nieto estaba diciendo no era cierto. Arun intuyó ese hecho al notar cómo con cada una de sus palabras el cuerpo de su abuelo languidecía, sus cejas se encogían y su piel adquiría tonos de palidez, muestra de la tristeza y dolor que sentía al contemplar a su propio nieto intentando engañarlo.

—Querido Arun —le dijo—. Sólo hay dos formas de interpretar esta situación. La primera es concluir que tú no te has portado bien y que el castigo es para ti. La segunda es concluir que yo te he educado mal y que el castigo es para mí, y, por supuesto, concluyo lo segundo.

El Mahatma Gandhi decidió que su nieto regresaría al pueblo en coche y que él volvería a pie; de noche, sin luz, con peligros y descalzo. El joven Arun intentó convencerlo de que no lo hiciera, pero su decisión era inamovible.

Si hubiera descargado su frustración sobre su nieto, esa lección a Arun le hubiera durado un día. Al haberla descargado sobre sí mismo, consiguió que esa lección le durara para toda la vida.

El líder débil sucumbe a la tentación de responsabilizar a sus seguidores, y con ello los aleja. El fuerte se responsabiliza a sí mismo y con ello los inspira.

---

24. LA RESPONSABILIDAD SIEMPRE ES MÍA

Este Peldaño es la aplicación del anterior, y parte de la frase que su título describe: «La responsabilidad siempre es mía».

Tanto si eres padre, como jefe, como maestro, como referente de alguien, adopta esa frase en tu mente e inclúyela en tu vocabulario.

¿Por qué?

Porque tiene un poder muy especial. Su poder radica en convertir una comunicación acusatoria en una comunicación conciliadora, y esto es algo de un inmenso valor. Ahora verás por qué.

Todas las personas tenemos tres cerebros: el impulsivo, el racional y el emocional. De los tres, el más peligroso es el impulsivo, también conocido como cerebro reptiliano. Es el responsable de los instintos más básicos del ser humano, y por tanto también es el más importante para la supervivencia. Está dispuesto a protegernos pase lo que pase, y para alcanzar su objetivo no le importa hacer lo que sea al precio que sea. Si te imaginas la adrenalina y el instinto protector que recorren el cuerpo del cazador durante la prehistoria al ver a un león acercarse a su caverna y amenazar a su familia dispuesto a enfrentarse a él, te estás imaginando el cerebro reptiliano en acción. ¿Es protector? Sí. ¿Es desagradable? Mucho.

Ahora viene la pregunta importante. De los tres cerebros, ¿cuál crees que es el que el lenguaje acusatorio activa? Efectivamente es el cerebro reptiliano. Cada vez que una persona se siente acusada, traduce esa acusación en un ataque. ¿Y qué hace alguien cuando se siente atacado? Defenderse. ¿Y qué producen los mecanismos de defensa? Sensación de protección. ¿Y quién es el máximo responsable de nuestra protección? El cerebro reptiliano. Conclusión: acusar a alguien es activar su instinto más básico y feroz. Por tanto, si no quieres ver la parte más desagradable del ser humano, simplemente no actives su cerebro reptiliano.

¿Cómo evitarlo?

«*La responsabilidad siempre es mía*».

Cada vez que usas esa frase, el mensaje que estás dando a tu interlocutor, especialmente si tú tienes algún tipo de ascendente sobre él, es éste: no soy una amenaza para ti, y por tanto no tienes que activar tus mecanismos de defensa contra mí. ¿Y qué sucede como consecuencia? Que al no activarse su cerebro impulsivo, tampoco se activan sus defensas. ¿Y qué ocurre cuando no hay barreras? Que se convierte en una persona permeable. ¿Y cuál es la ventaja de esto? Que la permeabilidad es la condición número uno para propiciar el aprendizaje. Sólo puede haber aprendizaje allá donde hay permeabilidad.

¿Conclusión? Si quieres tener un verdadero impacto sobre un interlocutor, no lo culpes a él, cúlpate a ti. (Toma la palabra «culpar» como retórica, ya que en realidad nadie es «culpable» de nada.)

Recuerdo que era julio, y es posible que fuera martes. Era una conferencia muy importante para mí y todos los asistentes iban a recibir mis dos primeros libros, ambos dentro de un paquetito con unos detalles adicionales que los organizadores tenían para ellos. Los preparativos previos a una conferencia siempre son considerables, pero dado el importante nivel del evento, esa vez las cotas de estrés eran altas y las de ajetreo, altísimas. Los miembros de nuestro equipo corrían de un lado a otro ultimando detalles; y en medio de ese alboroto yo les di una instrucción. Si conoces mi primer libro, Los 88 Peldaños del Éxito, *sabes que este libro es de color rojo. Si conoces mi segundo libro,* La Inteligencia del Éxito, *sabes que es de color azul (mayormente). Mi petición consistía en que el paquete con el libro rojo llevase un lazo rojo. Y el paquete con el libro azul, llevase uno azul. Sencillo, ¿verdad? Cuando los asistentes recibieron sus regalos, los recibieron exactamente al revés. [Ése no fue el único error. Hubo más, y más garrafales.]*

Yo no me lo podía creer. Mi cerebro reptiliano me pedía furia. Mi (deseo de) Éxito Interior me pedía controlarla. ¿Cuál ganó?

El día después del evento, reuní a todo el equipo, y les dije: «No se hizo lo que yo pedí y mi conclusión es que... la culpa es mía». Todos me miraron con unas expresiones faciales que aunque no hablaban, decían más o menos esto: «Es cierto que nos lo dijo. ¡Cómo pudimos no habernos acordado! Y aun así, encima se culpa a sí mismo... [remordimiento]». «Si existía una forma de dar esa instrucción de forma más clara», proseguí, «...con un mayor número de repeticiones, pasándola por escrito, dándole seguimiento... si ese camino existía y yo no lo tomé, entonces la responsabilidad es mía. Así que me he propuesto mejorar. Y sé que si yo mejoro, vosotros también lo haréis».

¿Cómo fue el efecto de que yo eligiera la postura más difícil en lugar de la más fácil? Fue demoledor... para bien.

Aquí mis dos conclusiones de esta historia:

Primera. Si hubiera desatado con ellos la furia que me pedía mi cerebro reptiliano, yo me hubiera quedado liberado. Ellos se hubieran quedado hundidos, ya que...

#88PeldañosGenteFeliz
Los golpes del martillo sólo los recuerda el clavo.
@Anxo

Y segunda. Cuando tu obsesión es conseguir que reine la «cultura del sí»...

Lo importante no es quiénes son los culpables, sino cuáles son las soluciones.

---

25. LAS OTRAS GRACIAS

ATENCIÓN: PELIGRO. Este Peldaño es para gente cuyo Belt del Éxito Interior sea de 7 para arriba. Si estimas que tu Belt es inferior al 6, puede que al leerlo no lo entiendas y te perturbe, pudiendo incluso llegar a que sientas rechazo. ☺ Si ése es el caso, esto es lo que va a suceder. Volverás a leerlo dentro de un año, o dos, o diez, cuando la vida te haya regalado experiencias que tú has traducido en crecimiento y que hayan elevado tu altura interior, y sorprendentemente, todo lo que aquí está escrito habrá cobrado sentido. Lo interesante es que el texto será... exactamente el mismo que estás leyendo hoy. Por tanto el texto no habrá cambiado. El que habrás cambiado habrás sido tú.

El mundo piensa de esta manera. Te ocurre algo que tú consideras bueno y por supuesto deberías... dar gracias. Te ocurre algo que tú consideras malo y por supuesto deberías... echar pestes. Pues este Peldaño defiende justo lo contrario. Dar gracias no sólo por lo que te gusta más, sino también por lo que te gusta menos. Son... las otras gracias.

—*Anxo, ¿me estás diciendo que si me sucede algo duro, encima tengo que agradecerlo?*

Sí, pero recuerda que sólo puedes estar a la altura de tu Belt interior. Si de momento no estás en un Belt alto, quizá puedas esperar de ti llegar a aprender a agradecer cosas no demasiado duras, como un resfriado, pero no tan retadoras como un accidente de tráfico, si bien el día que sí puedas llegará, siempre y cuando continúes evolucionando.

—*Anxo, ¿qué sentido tiene dar las gracias por algo que es desagradable?*

El sentido está en que cada acontecimiento que tú denominas como desagradable («desagradable» con el conocimiento limitado que tienes hoy) trae consigo una lección que es mayor que el propio acontecimiento. Hay dos formas de vivir la vida. Una es clasificando cada acontecimiento como bueno o malo, siendo lo bueno lo que produce felicidad y lo malo lo que produce sufrimiento. La otra es vivir aceptando que todo te produce agradecimiento. La paradoja está en que lo primero desemboca en sufrimiento, y lo segundo en felicidad. Cuando vives juzgando todo como positivo o negativo, vives anhelando (insanamente) que se produzca lo bueno y temiendo (insanamente) la llegada de lo malo. Cuando vives desde el agradecimiento, dejas a un lado el juicio y entras en estado de aceptación, llegando a comprender algo imposible de entender para las masas, pero de un valor incalculable:

---

todo dolor llega para provocar un crecimiento.

Absolutamente TODOS los retos que nos da la vida traen consigo una píldora de aprendizaje. Según cómo de grande sea el reto, esa píldora puede pesar un gramo o bien una tonelada. Si lo combates con todas tus fuerzas desde el rechazo, se convertirá en una tonelada de peso que te aplasta. Si lo aceptas desde la gratitud, se convertirá en una tonelada de crecimiento que te impulsa.

Los retos de la vida son los instructores del alma.

Luciana, una abogada adicta al trabajo, sufre un accidente de moto. Se pasa toda su estancia en el hospital maldiciendo su accidente. Gracias a él aprende a frenar el ritmo suicida de trabajo que llevaba. Un año después se da cuenta de que eso le salvó la vida, y descubre... las otras gracias.

Ignacio, un empresario adinerado con la necesidad de que nada escape a su control, sufre una enfermedad que lo deja postrado en una cama durante meses. Al principio se rebela contra lo que le sucede, igual que un niño enrabietado. Cuanto más se rebela, más sufre la tonelada de peso de su píldora. Poco a poco empieza a reconocer que la enfermedad ha sido su mejor instructora, al enseñarle lo necesitado que estaba de humildad, de paciencia, de aprender a soltar el control, de acercarse a sus seres queridos y de dar más tiempo a aquello que tiene mayor importancia. Por fin llega a agradecerlo, dando así... las otras gracias.

#88PeldañosGenteFeliz
Cuando ves cada acontecimiento como un maestro,
tomas cada revés como un regalo.
@Anxo

¿Quieres subir de Belt en tu desarrollo interior? Lucha por el día en que cada vez que la vida te dé un revés, hagas algo que sólo la gente con un Belt 7 o Belt 8 puede hacer: decir gracias, gracias, gracias, gracias.

26. CÓMO SUPERAR LA MUERTE DE UN SER QUERIDO

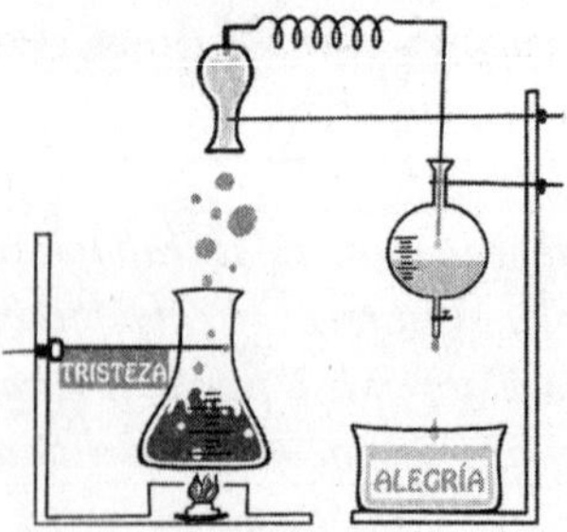

Éste es posible que sea el Peldaño más duro de todos cuantos se incluyen en este libro. Cuando pierdes a un ser querido, el tipo de actitud y respuesta que recibes de todo tu entorno es primero de cariño, lo cual está muy bien, y después de conmiseración. Pero la conmiseración tiene un problema: gusta. Es una compasión que se recibe por parte de otros, que lejos de querer hacerte daño, lo que quieren es entender tu dolor y reconocer lo mal que tú lo estás pasando. El problema está cuando este exceso de atención de otros hacia ti puede desembocar en un regocijo por tu parte dentro de ese océano lleno de dolor. Y esto ya no está tan bien. Gustar, gusta, pero ayudar, no ayuda. Cuando arranqué el párrafo diciendo que este Peldaño será duro, me refería a que yo no voy a tomar la vía de la conmiseración. Y éste es el porqué.

Existe una creencia muy extendida que atribuye un gran valor a sufrir por otros. Es como si el mundo debiera aplaudirnos cuando sufrimos. Se coloca el sufrimiento compasivo a la altura de una virtud humana. Pero eso es un mito y este Peldaño se va a centrar en desmontarlo.

No seré yo quien niegue cómo de desgarrador es pasar por la pérdida de un ser querido. Tranquilo. No soy una persona a la que le falte la empatía y por tanto el tema central de este Peldaño no es el de determinar si es doloroso o no, sino el de cuestionar la utilidad del sufrimiento y la aportación para la persona que ya no está. El grave error que muchos cometemos es el de pensar que sufrir la muerte de alguien es *honrar* a esa persona y a su muerte. Pero esto es completamente falso.

Ni el mayor de los sufrimientos por una muerte devuelve una sola célula a la vida.

No estoy diciendo que no puedas sufrir. Sufre todo lo que no puedas evitar, pero no sufras nada de lo que sí puedas evitar. El punto central de este Peldaño está en revertir la creencia de que sufrir aporta porque honra al ser querido. Falso. No honra nada, no aporta nada, y el mundo no mejora un ápice gracias a ello. No sólo no devuelve una gota de vida al ser querido, sino que, si él o ella viese tu sufrimiento, ni siquiera se alegraría. Ese ser querido no le puede ver valor, el mundo no le ve valor, y espero que para cuando alcances el final de lo que escribo, tú tampoco se lo veas.

Por tanto mi postura es otra. Y quizá te pueda parecer poco compasiva, pero te aseguro que es la que más te beneficia, tanto a ti como a tu entorno. Aquí va:

#88PeldañosGenteFeliz
El mayor regalo que puedes hacer a un ser querido al que el destino quitó su vida es usar cada gota de tu energía para impedir al sufrimiento quitarte la tuya.
@Anxo

¿Quieres honrarlo?
Entonces vive.

El mayor favor que puedes hacerle a esa persona que tanto amas es usar tu amor para impulsarte a salir de casa cuando quieras cama, quedar con gente cuando quieras soledad, sonreír cuando quieras lágrimas, vestirte bien cuando quieras luto, trabajar tu alegría aunque al principio sea falsa, elegir la felicidad cuando tu cuerpo quiera regocijarse en la tristeza. ¿Te parece difícil? ¿Egoísta? No lo hagas por ti. Hazlo por él o ella, y entonces lo convertirás en altruista. El amor es una fuerza inmensísima cuando se canaliza correctamente. Y tú estás ahora en posición de tomar ese amor tan enorme que sientes por ese ser querido, domesticarlo como a un toro que sólo se agita y manifiesta furia, y redirigirlo no de cara a la miseria, sino a todo lo contrario. Como todo en la vida, estás ante una doble elección. Tú puedes embarrarte en tu dolor, y entonces esa muerte habrá producido más muerte, o puedes canalizar ese inmenso amor para salir adelante, no por ti, sino por él, y entonces conseguirás que esa muerte no produzca muerte, sino vida.

Sólo hay una forma de combatir la muerte: con más dosis de vida.

(Si conoces a alguien que esté afrontando una pérdida, hazle un favor y recomiéndale este Peldaño.)

27. LA GENTE TÓXICA NO EXISTE

Lo que estoy a punto de contarte es impopular. Si quisiera anotarme tantos igual que un delantero anota goles, entonces te diría una frase mucho más popular y extendida: «Ten cuidado con la gente tóxica». O mejor: «Tenemos que apartarnos de la gente tóxica para que no nos contaminen». Lo siento. No seré yo el que las diga.

Sé que al leer el título de este Peldaño te ha dado un poco de pena. Bueno, vale. A ti no, porque tú eres la excepción, pero al resto de lectores, sí. ¿Y sabes por qué les ha dado pena? Porque demonizar da placer, y si decimos que la gente tóxica no existe, entonces no puede ser demonizada. ¿Es macabro lo del placer? Sí, pero la gente no piensa en lo macabro que es, sino en el gusto que da. Les dio pena porque da gusto usar un tono de denuncia con el que clasificamos a alguien de «persona tóxica» para luego sentirnos todos llenos de justificación en ponerle una cruz, a ser posible con el apoyo de un grupo, ya que, si hay un grupo detrás, la demonización parece más legítima. Mala suerte. No se puede. Y ahora verás por qué.

#88PeldañosGenteFeliz
Invalidar a una persona por un terrible error es como cerrar todas las escuelas por un terrible maestro.
@Anxo

La empresa Chismes es una empresa de unos trescientos empleados que fabrica y vende calzado. José, uno de los gerentes de cuentas, es una persona con numerosas virtudes y un pequeño defecto: tiene el hábito de cotillear, y disfruta mucho jugando el papel de «salvador» de los nuevos empleados recién incorporados a la empresa, dando el parte de quién es, según él, la buena y mala gente dentro de la compañía. Es dado a encontrar un par de episodios negativos que extraer del comportamiento de un compañero de trabajo con el que dictaminar su sentencia: «No te acerques a Fulanito. Es una persona tóxica».

Un día, José se encontraba en el almacén que se sitúa en la planta de arriba haciendo un inventario de zapatos de la temporada anterior. El lugar del almacén en el que se hallaba era la zona directamente superior a la cocina, y a través de una rejilla oyó cómo el grupo formado por sus compañeros habituales de cotilleo empezó a dar rienda suelta a cada una de sus lenguas y dictar la misma sentencia que él solía dictaminar: «Es tóxico».

Justo cuando estaba pensando «en breve me sumo», su rostro se congeló. Todo su cuerpo se quedó de piedra al escuchar su nombre y darse cuenta de que esta vez la víctima no era un tercero. Era él.

«¿Tóxico? ¿Yo? ¿Cómo es posible?», pensó para sí mismo. «Hay mil motivos por los que eso es falso: he invitado a comer de forma desinteresada a cada uno de ellos, soy un padre que adora a sus hijos, lloré cuando dieron un premio a varios de mis compañeros, cedí una parte de mi salario para la operación de la hija de una de las administrativas, dono dinero a cuatro organizaciones benéficas…». Su mente encontró al menos 30 motivos por los que él NO era una persona tóxica.

¿Eran falsos?

No. Eran todos ciertos.

¿Por qué entonces se atrevieron a concluir algo tan categórico sobre él?

Porque eran desconocedores de una píldora de sabiduría, la misma que ese día José dejó de desconocer. Gracias a esa píldora, a partir de ese instante, José ya nunca más volvió a categorizar a nadie ni con la etiqueta de «tóxico» ni con ninguna otra.

¿Te gustaría conocer esa píldora? Prepárate.

Cuando José escuchó a sus compañeros decir de él lo que él en numerosas ocasiones había dicho de otros, todo su cuerpo se vio envuelto por una sensación repulsiva y desagradable causada no sólo por el rechazo de sus colegas de trabajo, sino por el sesgo de sus conclusiones. Le carcomía el dolor y, sobre todo, la sensación de injusticia. Sin embargo, lo que al principio era la mayor pesadilla, acabó convirtiéndose en la mayor bendición. Lo que José aprendió ese día, y que le hizo no volver a «clasificar» a las personas, fue que, cuando juzgas a las personas como tóxicas o no tóxicas, deseables o no deseables, bien nacidas o mal nacidas o en definitiva, como personas sólo buenas o sólo malas, estás cometiendo un enorme error: el error de juzgar con una escala binaria —es decir, de dos posiciones— el enorme rango de actitudes y comportamientos del ser humano que incluye posiciones infinitas. Es como juzgar un arcoíris a través de un televisor en blanco y negro. El televisor tan sólo te da la opción blanca y la opción negra, pero el arcoíris se compone de muchas más. Igual que ese televisor nunca hará justicia a ese arcoíris, esa etiqueta nunca hará justicia a las miles de virtudes de esa persona.

Ese día, José tragó su propia medicina igual que un fumador traga su propia ceniza... y dejó de «fumar». Entendió algo de vital importancia: que el motivo por el que la gente tóxica no existe es porque... TODOS ACTUAMOS DE FORMA TÓXICA en algunos momentos y al mismo tiempo TODOS ACTUAMOS DE

FORMA AMOROSA en otros. Éste es el motivo por el que ningún ser humano está en posición de demonizar a otro. Gracias a haberse visto en la piel del que es demonizado, José aprendió que...

Nadie tiene el derecho a etiquetar a un ser humano. Si su personalidad representa un mundo, la etiqueta representa un átomo.

—*Entonces, ¿tengo que regalarle mi tiempo a todas las personas que en lugar de sumarme, me restan?*

Por supuesto que no. Pero eso te lo explicaré en el Peldaño 36.

28. CÓMO PERDER PESO SIN HACER ABSOLUTAMENTE NADA

¿Te apetece recibir una buena noticia? Puedes cambiar «perder peso» por cualquier otro objetivo. Funciona con todos.

Este Peldaño te va a dar un truco que podríamos decir que es mágico, ya que sorprendentemente te va a acercar a tu objetivo, pero sin tener que hacer uso de los caminos de esfuerzo habituales. «¿Como por arte de magia?». Exacto. Como por arte de magia. Éste es el principio que encierra el secreto:

Las soluciones que de tu cerebro sacas no son ni más ni menos que el resultado de los estímulos que en tu cerebro metes.

¿Cuál es el truco?

Si la máxima anterior es correcta (y lo es), y lo que tu cerebro te da a ti es el resultado de lo que tú le das a él, entonces el truco consiste en bombardear tu cerebro con el mayor número de soluciones posibles sobre el objetivo que buscas. Si quieres perder peso, la forma de aplicar el Peldaño sería inundar tu cerebro con toda la información posible sobre las formas de conseguirlo: escuchar todos los audios o podcasts que encuentres sobre comida saludable, ver todos los vídeos que te recomienden nuevos hábitos de vida, cambiar varias películas por varios documentales sobre salud, realizar búsquedas sobre consejos de personas que ya lo han conseguido, mantener conversaciones específicas sobre vida sana.

> *—Anxo, pero lo que me estás diciendo no puede ser cierto, ya que mi parte consciente no se ha puesto a trabajar.*

La parte consciente no, pero la subconsciente, ¡sí! Y ahí está la magia.

Incluso cuando tú no seas consciente de ello, toda esa información que has ido acumulando en tu cerebro de manera pasiva ahora va a tomar pequeñas decisiones sin tu permiso, en tu nombre y para tu beneficio. ¿Por qué? Porque tú has inyectado de forma consciente toda esa información que ahora sí o sí habita en tu cerebro de forma inconsciente. Es una forma de preprogramación. Y el cerebro, a cambio, ahora te recompensa tomando pequeñas decisiones, a veces imperceptibles para ti, que te acercan a tu objetivo. Y lo mejor de todo esto es que tú no te darás ni cuenta.

Te daré un ejemplo.

Está científicamente demostrado que cuando el tamaño del plato es menor, comemos menos. Si tú no eras conocedor de este truco, entonces en este último segundo se acaba de encender una luz en tu cerebro sobre este hecho. El mero acto de leer esas palabras e inyectar ese dato de forma consciente a tu cerebro, incluso olvidándolo después, hará que tu subconsciente lo retenga. Y algún día, en algún momento, te encontrarás en un comedor de autoservicio y mientras vas colocando los utensilios sobre tu bandeja, incluso si te encuentras hablando con un amigo y no estás prestando atención, elegirás el plato pequeño en lugar del grande de forma subconsciente. Ahí radica la magia. Has preprogramado tu cerebro y ahora tú no tomas la decisión correcta, pero él sí.

#88PeldañosGenteFeliz
Riega el manzano y te dará manzanas.
@Anxo

29. EL MEJOR EJERCICIO PARA UNIR A TU FAMILIA (O EMPRESA)

A veces, lo único que hace falta para cambiarle a alguien todo su mundo es regalarle la más sincera de todas tus frases.

Era nuestro tercer año de vida en 8Belts. Los miembros del 8Team, el equipo de personas que formamos la empresa (lo pronunciamos «ochotím»), en absoluto podría decirse que se llevaran mal, pero tampoco es que salieran juntos de copas los fines de semana. Decidí poner en marcha un *team building*, un programa de fin de semana en el que todos nos trasladábamos a una enorme casa rural con piscina y un montón de actividades destinadas a hacer equipo y crear unión. Las actividades fueron todas relativamente divertidas, pero, si hubiéramos preguntado al final de la estancia si hubo una con el poder para revolucionar a todo el 8Team y por tanto a la empresa, todos hubiéramos coincidido en la misma. Te voy a contar en qué consiste paso a paso, usando el ejemplo de cómo lo hicimos nosotros. Verás que su poder para revolucionar las relaciones dentro de cualquier grupo es extraordinario.

Primero asignamos deberes a todo el 8Team dos días antes del evento. Los deberes consistían en crear una presentación sobre uno mismo. Podía ser visual, por ejemplo en PowerPoint, o simplemente hablada. Dado que cada uno puede elegir y hablar libremente de lo que él quiera, esta parte del ejercicio da mucha información sobre qué es importante para cada uno y qué es lo que él o ella más valora en la vida. Unos se centraron más en su familia, otros en su éxito profesional, otros en su personalidad, algunos en sus *hobbies*. El día del evento sentamos a todo el equipo en un semicírculo. Busqué el asiento más cómodo que pude encontrar (conseguí un sillón), y lo coloqué a modo de escenario enfrente del semicírculo. Es lo que en el ejercicio se denomina como «el trono». Momento de empezar el juego. Yo, que hacía de moderador, expliqué que el ejercicio consistía en sentar al primer «protagonista» en el trono, darle cinco minutos para hacer la presentación sobre sí mismo que él o ella había preparado previamente, y acto seguido empezaría la parte más importante. Cada miembro del equipo, uno a uno desde el principio hasta el final del semicírculo, debía decir en alto y a la cara qué le impacta/gusta/fascina más de la persona que ocupa el trono. La única regla era decir «sólo lo positivo». Y ya está. Era algo tan sencillo, y sin embargo los resultados fueron demoledores. Por supuesto, para bien.

Habíamos asignado dos horas para la actividad, y sucedió lo inimaginable. Se convirtieron en ¡ocho horas! Lágrimas en los ojos, nervios, sonrisas con sollozos, abrazos genuinos e interminables, rencillas curadas, relaciones restituidas. En tan sólo unas horas, y con la **palabra** y la **sinceridad** como únicas herramientas, habíamos conseguido no sólo que afloraran las emociones más tiernas y entrañables del ser humano, sino que las personas se reconociesen por su bondad, por la parte más bella del corazón que cada uno sin excepción llevamos dentro, y el resultado nos golpeó a todos como un ladrillo. Vimos cómo el «protagonista» escuchaba cosas que nunca se imaginó que otros pudieran pensar o decir de él; cómo, al hablar alguien que otro consideraba su peor enemigo, este último sorprendía al protagonista revelándole su admiración; y aprendimos lo difícil que es quedarse callado, simplemente recibiendo, mientras corren las lágrimas por tus mejillas cuando alguien te relata dos o tres situaciones en las que tú le habías impactado sin que tú tuvieras la menor idea de ello.

Franqueza, confianza, descubrimiento, desnudez, generosidad, respeto, vulnerabilidad, afecto... Ése es un cóctel tan explosivo que la única forma de explicártelo yo es haciendo que lo compruebes tú. Te animo a que tú seas el siguiente moderador en todos tus círculos: familia, empresa, amigos. Descubrirás que...

#88PeldañosGenteFeliz
A veces basta el menor de los elogios para producir el mayor de los impulsos.
@Anxo

30. LAS 8 CLAVES DE LAS PERSONAS MAGNÉTICAS

¿Conoces a gente de la que dirías que es mágica? Esa pregunta es retórica, ya que ya sé que la respuesta es «sí». La importante es ésta: ¿lo dirían ellos de ti? La respuesta depende de tu nivel de magnetismo. Si es alto, dirán que sí. En caso contrario, dirán que no. Aquí las ocho claves a nivel comunicativo para ser una persona magnética.

1. NO HABLES DE FORMA CATEGÓRICA
   El Real Madrid es el mejor equipo del mundo. (X)
   El Real Madrid puede que sea uno de los mejores equipos del mundo. (√)

2. CONCEDE EL BENEFICIO DE LA DUDA
   Una vez cometí este error con mi secretaria:

   Anxo: *Eva, ayer te pedí un informe para hoy y que me lo enviaras a primera hora. ¿No lo has hecho?* (X)
   Eva: *Está en tu correo. No sé si has tenido ocasión de mirarlo.*

Efectivamente estaba allí, y sin embargo yo estaba acusándola (indirectamente) de no haberlo enviado. ¿Nivel de magnetismo por mi parte? Cero de diez. Lo correcto hubiera sido que hubiera usado esta otra comunicación:

Anxo: *Eva, ayer te pedí un informe para hoy y que me lo enviaras a primera hora. Seguro que ya lo has hecho y ha habido algún error que me ha impedido recibirlo*». (√)

Si ya me lo ha pasado, quedo como un caballero. Y en caso de que no, me dará una solución, pero sin sentirse acusada. ¿Nivel de magnetismo? Diez de diez.

3. ¿ES UNIVERSAL O LOCAL?
   Si es universal, es un consejo que se puede aplicar a todo el mundo. Ejemplo:

   En España todos debemos conducir por la derecha.

   Si es local (personal), es algo que me puedo aplicar a mí, pero no para todo el universo:

   Todo el mundo debe ir a fiestas y conocer gente.

   Eso no es un consejo universal. Eso es TU preferencia. Si das ese consejo a un introvertido, le creas un dilema. (Este punto es especialmente importante para aquellos padres que confunden «preferencia personal» con «consejo universal».)

4. EVITA LAS PALABRAS ABSOLUTAS:
   SIEMPRE, TODOS, NUNCA, NADIE...
   Y usa palabras suavizadoras, como «tal vez», «probablemente», «puede ser que», «quizá», «en algunos casos»...

Nunca he recibido nada de ayuda de nadie. (X)
Probablemente yo haya recibido menos ayuda que muchos. (√)

Todos los adolescentes de hoy son unos maleducados, no como antes, que eran todos respetuosos con los adultos. (X)
Puede ser que ahora haya algunos adolescentes con menos modales y que antes quizá se valorase más el respeto a los adultos. (√)

5. USA ESTAS TRES PALABRAS: YO + CONSIDERO + QUE
Cuando no uses esas tres palabras, estarás corriendo el riesgo de expresar algo que tan sólo es tu opinión y que ésta sea tomada como un decreto de ley, con toda la repulsa que ello podría causar.

Siempre que robes, deberías ir a la cárcel. (X)
Yo considero que [punto 5], *en algunos casos* [punto 4], *si robas deberías ir a la cárcel.* (√)

6. ADOPTA UN LENGUAJE CONCILIADOR
Seguro que no me he explicado bien.
No se ha hecho lo que yo pedí. Quizá debí haberlo pedido de otra manera.
Te llamé el otro día, pero estarías ocupadísima. [Puntos 6 y 2.]
Seguro que te has encontrado mucho tráfico. [Cuando alguien llega tarde.]

7. EVITA COMENTARIOS MEGALÓMANOS
Trabajan con nosotros porque somos los mejores. (X)
Trabajan con nosotros porque han considerado que no hacemos las cosas mal. [Puntos 7 y 4.] (√)

8. ELIMINA EL SARCASMO
Mi abuela solía decir: «Si vas a bromear sobre mí y tan incierto es decir que soy la mujer más fea de la tierra como la

señora más bella del mundo, elige lo segundo. Si es una broma, al menos que siente bien y no mal». El sarcasmo nunca suma magnetismo. Sólo lo resta. Cámbialo por piropos sinceros, y aprende a decirlos a la cara, con valentía.

Cuidar estas ocho áreas te permitirá conseguir que cuando la gente se vaya de tu lado, se encuentre un poquito mejor de como tú la encontraste, y ése es el mayor y el más bonito de los poderes; el poder del magnetismo.

Entiende que si te recordarán,
no será por cuánta razón tuviste,
sino por la buena sensación que dejaste.

Quédate con esta última lección. Casi nadie te dirá que le sentó mal uno de tus comentarios, pero...

#88PeldañosGenteFeliz
Lo difícil no es saber escuchar lo que la gente dice,
sino saber oír lo que la gente calla.
@Anxo

31. DOMESTICA TU LENGUA

Al igual que el Peldaño anterior, éste también tiene que ver con el uso de tu lengua. A diferencia de él, éste no es tanto para beneficio directo tuyo, sino de otros, si bien, cuando del resultado directo se benefician otros, del resultado indirecto te beneficias tú.

Antes de emitir cualquier tipo de frase por tu boca, pásala por este filtro: ¿CONSTRUYE O DESTRUYE? Tras pronunciarla, ¿el mundo será un poquito mejor o un poquito peor?

Si puedes imaginarte peleando con todas tus fuerzas contra un gran tigre, entonces puedes imaginarte cómo de difícil puede ser a veces pelearte contra tu propia lengua. Éstas son las cuatro fórmulas para ganar la batalla y domesticar tu lengua.

FÓRMULA 1: CÓMO DOMESTICAR UNA LENGUA QUE SE QUEJA

Quizá no te habías parado a pensar en ello, pero toda situación que la vida te da es como una moneda con dos caras, la que te gusta más y la que te gusta menos. Y si te pusieras a limar la cara que te gusta menos con la intención de eliminarla, llegarías a la conclusión de que es imposible eliminar una sin eliminar la otra.

Siempre hay dos. La fórmula consiste en lo siguiente. Cada vez que quieras quejarte de la cara A, fuerza a tu lengua a encontrar y agradecer la cara B. Si lo haces cada vez, entonces habrás convertido cada deseo de queja en un recordatorio para expresar una frase de agradecimiento. Lo bueno de la relación queja-agradecimiento es que es equivalente a la relación sombra-luz. Igual que donde hay luz no puede haber sombra, donde hay un corazón lleno de agradecimientos no puede haber una lengua llena de quejas.

Cambia «dar quejas» por «dar gracias».

FÓRMULA 2:
CÓMO DOMESTICAR UNA LENGUA REGALA-CONSEJOS

Deja de dar consejos porque a ti te apetece darlos y empieza a darlos porque el otro desea recibirlos. Para ello, formúlate estas tres preguntas. ¿Es un consejo solicitado o sin solicitar? ¿Me siento completamente indiferente o tengo un gran deseo de que él lo acepte? Si él lo acepta, quien se queda más feliz, ¿es él o soy yo? Si en alguna de las tres preguntas has respondido «lo segundo», entonces domestica tu lengua y cállatelo. Aunque lo disfraces de consejo, no es tal (ver el Peldaño 45).

#88PeldañosGenteFeliz
Hay algo infinitamente más poderoso que dar consejos: dar ejemplo.
@Anxo

FÓRMULA 3:
CÓMO DOMESTICAR UNA LENGUA ADICTA AL COTILLEO

«Anxo, no es un cotilleo. Es un simple comentario». Normalmente es más lo primero que lo segundo, pero no tienes de qué preocuparte. Yo te daré la solución para diferenciarlos. Para saber cuál de las dos cosas es, simplemente entiende que existe una línea divisoria que separa lo sano de lo insano, y que la determina la siguiente pregunta: ¿hay morbo? Si no lo hay, entonces tienes luz verde, ya que será anecdótico y por tanto, algo sano. Si lo hay, no pronuncies el comentario, ya que se tratará de un cotilleo, y todos los cotilleos son destructivos. Si dudas, guarda silencio, ya que la palabra no pronunciada siempre puede pronunciarse, mientras que la palabra dicha ya nunca podrá desdecirse.

Habla siempre bien de los que estén ausentes y ganarás la confianza de los que estén presentes.

FÓRMULA 4: CÓMO DOMESTICAR UNA LENGUA MATA-SUEÑOS

Cuando alguien venga a contarte un proyecto, un negocio o una iniciativa que quiera llevar a cabo, cambia un comentario que desilusione por uno que edifique. Pregúntate: «Si digo esto, ¿su nivel de ilusión aumentará o disminuirá?». Si es lo segundo, muerde tu lengua literalmente, si hace falta, pero pase lo que pase, no digas algo que en lugar de que eleve, aplaste, o que en lugar de dar vida a los sueños, los mate. Si consideras que debes advertirle de algo, hazlo, pero sólo después de elogiar su iniciativa. Aplaude primero, critica después. Pocas cosas en la vida tienen el poder tan grande de las palabras, tanto para hundir como para impulsar. Hazme un enorme favor y recuerda para siempre este precioso principio:

Cuando pisas un pequeño gusano estás matando una bella mariposa.

---

32. CÓMO CONQUISTAR TU BOLSA NEGRA

El mero hecho de ser consciente de tu parte de sombra, de por sí, ya aumenta tu parte de luz.

Estás en la cola del banco, dentro de una sucursal, y de repente entra un ladrón a atracar el banco. Se lleva el dinero y se marcha corriendo por una plaza llena de gente. Tú y varias personas que habéis visto lo que acaba de suceder, salís a la plaza, lo apuntáis con el dedo y gritáis: ¡LADRÓN!

¿Lo han apresado? No. ¿Ha devuelto el dinero? No. ¿Ha pedido perdón? No. Y a pesar de ello, el mero hecho de desenmascararlo ya lo ha neutralizado. Nadie ha actuado sobre él, y sin embargo, ya no tiene adónde escapar.

Sin que te hayas dado cuenta, con esa historia acabo de darte la herramienta número uno para controlar el ego, tu Bolsa Negra. Consiste en una única frase, pero de un poder inmenso: el poder de neutralizar el ego, simplemente desenmascarándolo:

Cada vez que uses esa frase con respecto a tu ego estarás desenmascarándolo. Y al igual que sucedía con el ladrón, aunque no hagas absolutamente nada más, ya no tendrá escapatoria. El mero hecho de desenmascararlo lo neutraliza.

Si todos llevamos dentro una parte de luz, la esencia (Bolsa Blanca), y una parte de oscuridad, el ego (Bolsa Negra), ¿cuál crees que te representa a ti como ser? Obviamente la esencia. Pues si esto es así (y lo es), entonces te interesa identificarte con la primera y hablar en tercera persona de la segunda, ya que ella no eres tú. Es «ella», la parte egoica, la parte oscura. Hablar del ego en tercera persona te permite desenmascararlo.

Tu jefe te hace una crítica que tú consideras injusta y te entran ganas de darle una contestación terrible y dejar tu trabajo.
«He detectado que mi ego tiene hambre de orgullo».

Tu amiga se ha comprado un abrigo de pieles cuando el otro día dijo que no tenía dinero para las clases de violín de su hija. Tú te mueres por llegar a casa a contárselo a tu marido porque eso te parece «terrible».
«He detectado que mi ego tiene hambre de cotilleos y juicios».

Tu hijo dijo que vendría a recogerte a las 12.00 y son las 12.30. Estás a punto de ponerte furioso.
«He detectado que mi ego tiene hambre de impaciencia e ira».

—Anxo, ¿estás seguro? ¿Con eso es suficiente?

Sí. Estoy seguro. El mero hecho de detectarlo hace que una parte ya la hayas trascendido. Pero hay tres cosas que debes tener en cuenta. La primera es que con esa frase muchas veces podrás detectar tu Bolsa Negra antes de que actúe, y entonces la frase te ayudará a protegerte; pero otras muchas veces ya será demasiado tarde, porque el ego ya habrá actuado. Cuando sea éste el caso, la frase es útil igualmente, ya que te permitirá detectar que lo que acaba de suceder no ha salido de ti, sino de tu Bolsa Negra, tu ego. Esto también te ayuda a desenmascararlo, incluso a posteriori, y sobre todo te permitirá aceptarte y perdonarte. La segunda es que, igual que un alumno de primaria no está a la altura de resolver un problema para universitarios, habrá muchos retos del ego que serán demasiado grandes para tu Belt de evolución interior actual. No pasa nada. Tan sólo comprende que tu objetivo no es alcanzar la perfección, sino acercarte un paso. Quizá tu ego te pida entrar en estado de victimismo porque alguien te ha hecho una ofensa «horrible» y prefieras no salir de casa en una semana. Tú no puedes superar esa ofensa, por lo que te quedas en «modo víctima» igualmente, sólo que en lugar de quedarte en casa siete días, te quedas tan sólo uno. Celebra eso como una subida de Belt, un avance evolutivo. Y la tercera es entender que el ego no se muere con desenmascararlo una vez, sino que hay que desenmascararlo muchas veces. Entender esto te permitirá comprender que cada vez que usas tu frase mágica no consigues conquistar el cien por cien de esa cara del ego, pero estás un paso más cerca del día en que sí lo consigas.

#88PeldañosGenteFeliz
No se trata de no caer nunca. Se trata de caer menos.
@Anxo

33. ENTRÉGALO

Mira qué forma más sencilla de detectar si es o no tu ego el que acaba de entrar en tu «coche» y tiene la intención de tomar el volante.

—¿Te molesta?
—Sí.
—Entonces es ego.

Y si es ego, entiende que ego = sufrimiento. Cada vez que algo te molesta (te altera, te perturba), es resultado de la actuación de tu ego, incluso si es solamente permitir que te cambie el semblante porque alguien acaba de darte un pisotón descuidadamente y no te ha pedido disculpas. El hecho de saber que incluso un malestar procedente de una situación tan intrascendente es causado por el ego, o sea, procede de tu Bolsa Negra, te ayudará a dar el primer paso para combatirlo. Este paso es del Peldaño anterior. Es la frase mágica que te permite identificarlo: «He detectado que mi ego tiene hambre...». Esta frase te permitirá elevar tu nivel de consciencia sobre cómo actúa, y te ayudará a desenmascararlo. ¿Y qué hacer después? Dar el segundo paso: el de ENTREGARLO.

Lo que duele no es no poder controlar lo incontrolable. Es desearlo.

Si toda acción del ego pasa por rechazar algo incontrolable que la vida pone en tu camino en lugar de aceptarlo, entonces ese rechazo a su vez es fruto del deseo de que esa realidad no sea como es, o sea, el deseo de controlar lo incontrolable. Eso es justo lo que hay que ENTREGAR. En cuanto entregas el deseo de controlar o cambiar aquello que no te gusta y te molesta y que no puedes controlar, como por ejemplo un reto que la vida te pone, el tipo de clima que hace hoy o el comportamiento de otro ser humano, no consigues que la situación cambie, pero sí que deje de molestarte, ya que lo que te dolía no era el hecho en sí, sino el deseo de cambiarlo. Entregar el deseo (dejarlo ir, soltarlo) elimina el sufrimiento.

—*Y si se trata de un revés muy grande, ¿también funciona?*

Sí. Funciona siempre, pero requerirá mayor aplicación por tu parte. Si se trata de un gran revés de enorme impacto para ti, no es que la fórmula deje de funcionar, es que el grado de evolución que requiere la ENTREGA por tu parte es mayor. Yo te animo a que pruebes la fórmula, entregando todo aquello que te causa malestar y te frustra y que ves que es algo que no puedes cambiar. Empieza por situaciones menores, y verás que funciona de manera aparentemente milagrosa.

Detectas que tu ego tiene hambre de decir a tu grupo de amigas que una de ellas, no presente, te cae mal, y detallar los motivos (no desde la Bolsa Blanca sino desde el juicio). ENTRÉGALO.

Detectas que tu ego tiene hambre de sentir temor ante un examen importante y no te permite dormir por las noches. Has estudiado todo lo posible, pero tu Bolsa Negra (ego) exige que el resultado sea el que tú determines y no el que un jurado estipule. ENTRÉGALO.

Detectas que tu ego (Bolsa Negra) tiene hambre de revancha cuando te encuentras una nota de tu vecino en la puerta porque había un par de pelos de tu perro en el pasillo. ENTRÉGALO.

¿Cómo?

Simplemente reconociendo que no has venido a este mundo a amoldarlo a tu antojo, ni a aleccionar a las personas para que todas se comporten según un criterio que tú consideras superior, sino a aceptar todo aquello que tú no puedes (ni debes) cambiar. Aceptar es tomar el deseo de tu ego por controlar para, luego, observar ese deseo y decirte a ti mismo: LO ENTREGO.

«Voy a entregar mi deseo de tener razón, manteniéndome en paz sin querer demostrarle al otro que no tiene razón».

«Voy a entregar mi deseo de alterarme cuando alguien critica (injustamente o no) mi trabajo, manteniéndome en paz mientras escucho esas críticas».

«Voy a entregar mi deseo de rebelarme contra un revés de la vida, contra una pérdida, contra una provocación, contra una injusticia que no puedo controlar».

«Voy a entregar mi deseo de demostrar que soy listo, que soy bueno en algo, que soy el mejor, que soy más que otro... mi deseo de sentirme superior».

Vivir con el deseo de cambiarlo todo (el clima, las circunstancias, los resultados que no dependen de ti, los comportamientos ajenos...) resulta tremendamente agotador. Entrega el deseo. Y sentirás que entregarlo... libera.

#88PeldañosGenteFeliz
Si quieres que la lluvia pierda su fuerza, mójate.
@Anxo

34. MARITRISTE Y MARIHAPPY

Cuando te cruces con alguien cuyo corazón esté hecho añicos, trátalo con tal bondad que desee pegarlos.

La chica de la imagen de la izquierda es «Maritriste». Tiene cuarenta años, es abogada, socia de un bufete de alta categoría, goza de un enorme reconocimiento y gana muchísimo dinero. Todos los días se arrepiente de no haberse lanzado a su gran sueño de dar conciertos de piano por todo el mundo. Odia su vida.

La chica de la imagen de la derecha es «Marihappy». También tiene cuarenta años, no es abogada, no cuenta con una enorme riqueza personal, pero no se arrepiente de nada. Ama su vida. Por cierto, es pianista profesional. Da conciertos por todo el mundo.

En realidad, Maritriste y Marihappy son la misma persona. Ambas son María. ¿Cómo es posible? Porque Maritriste no existe. Éste es el motivo.

Se tenían una profunda admiración, y sin embargo ambas eran desconocedoras de este hecho. María se sintió odiada por Silvia desde el primer mes que se matriculó en la escuela de música. Silvia tardó un poco más, pero su conclusión no fue distinta: «No le caigo bien a María. Creo que me odia». María admiraba las dotes de Silvia como violinista y Silvia se sentía intimidada por el gran talento de María al piano. Ambas rivalizaban dentro y fuera de la escuela, y cada una consideraba que nunca podría ser en su campo tan buena como la otra lo era en el suyo.

Transcurría el tercer año de conservatorio. María se enfrentaba a un importante recital, sobre cuya interpretación iba a ser evaluada por un jurado. Había mucho en juego. De esa evaluación dependía su beca y su futuro. María había tenido una mala sensación con respecto a ese recital durante toda la semana. No se sentía con confianza. Llegó el día. Se sentó al piano, arrancó con nervios y de forma titubeante. Tras varios pasajes sin grandes errores, sucedió lo peor. Su mente se quedó en blanco y sus manos no respondieron. Se escuchó un murmullo contenido entre el público, señal de la sorpresa y muestra de la gravedad de lo que acababa de ocurrir. María tuvo la sensación de que su cuerpo se abrasaba al sentir cómo cada una de las miradas que se posaba sobre ella se transformaba en fuego. Sólo deseaba desaparecer. Y desapareció. Dejó al público plantado en medio de su concierto para irse corriendo a su cuarto a llorar las lágrimas de su supuesto fracaso hasta al amanecer.

Ese día marcó el inicio de su declive. Tras un mes dándole vueltas, un frío lunes de invierno tomó su decisión. Por el camino realizó la llamada más temida: «Mamá, papá, voy a dejar la escuela y no volveré a tocar el piano nunca más. En breve me reúno con la directora para comunicarle mi decisión. No hay vuelta atrás».

Pero unos minutos antes de la reunión más importante de su vida, sucedió algo inesperado. De camino a la quinta planta, alguien se subió casualmente en el segundo piso al ascensor que sólo ella ocupaba. Era Silvia. Ambas intentaron ocultar su sobresalto.

Silvia pensó en darle simplemente los buenos días de forma correcta y seguir con el resto de su día, igual que cualquier otro momento en que se hubieran cruzado por el campus. Pero tomó una decisión distinta, y esta decisión iba a cambiar diametralmente el futuro de María.

—¿Eras tú la que estaba en la sala de ensayo tocando el piano el viernes pasado a las diez?

María, con su autoestima en los niveles más bajos quizá de toda su vida, empezó a temblar. Su cabeza sólo pensaba en todos los errores que pudo haber cometido aquel día y cuál de ellos estaría propiciando el comentario tan inesperado de Silvia. Respondió con voz quebrada un eterno...:

—Sí. Era yo.

—Sabía que debías de ser tú. ***Sólo quería que supieras que considero que nadie tiene tu capacidad de hacer que las notas de un piano cobren vida****. Enhorabuena.*

Silvia se bajó en la cuarta planta, desconocedora del efecto tan transformador que en cuestión de apenas unos segundos había provocado una simple lengua y unas simples cuerdas vocales. Ni el mayor de los terremotos habría conseguido tener un impacto en María más extraordinario que el de esa simple frase.

La reunión con la directora nunca tuvo lugar. Tras escuchar esas palabras, María rompió a llorar dejándose caer mientras se deslizaba por el espejo del ascensor. Se agarró las rodillas y se mantuvo así durante varios largos minutos hasta que un señor trajeado pisó el interior del ascensor. Al verlo entrar, sin mirarlo a la cara se alzó con determinación y se fue directa a la sala de ensayo. Ese día tocó el piano hasta el anochecer.

El mismo día que iba a marcar el nacimiento de Maritriste acabó convirtiéndose en el primer día en la vida de Marihappy.

#88PeldañosGenteFeliz
No juzgues a alguien por lo que ves por fuera. Nunca
sabrás si su corazón estaba roto por dentro.
@Anxo

Quizá lo hayas pasado por alto, pero el papel principal de esta película no lo tiene la actriz protagonista, sino la actriz de reparto. Lo más importante de esta historia no es la decisión de María, sino la frase de Silvia. Si hay una lección que extraer de esta fábula, es que todos contamos con un arma más poderosa que la pólvora. Esta arma tiene la capacidad de impulsar como un cohete o destruir como un misil, y cada uno de nosotros tiene plena libertad para decidir cuál de ambas usar y qué finalidad elegir.

Tus palabras son como fuego
que bien usado calienta y mal usado abrasa.

---

35. EL OTRO USO DEL VERBO TRABAJAR

¿Cómo sabes si alguien es alto o bajo? Por el número de centímetros que mide. ¿Cómo sabes si alguien tiene un grado de desarrollo interior mayor o menor? Por si está muy «**trabajado**» o poco. Éste es el otro uso del verbo trabajar, y por supuesto de los dos, el más importante; no el trabajo que haces fuera para crecer como profesional, sino el que realizas dentro para crecer como ser humano.

#88PeldañosGenteFeliz
La vida es un menú con tan sólo dos platos: o desarrollarse y crecer hacia arriba o no hacer nada y caer en picado.
@Anxo

- *¿Alguien increpa a tu novia en la discoteca y tú te enciendes rápido?* Poco trabajado.
  ¿Te controlas cuando alguien te provoca? Muy trabajado.
- *¿Sientes rabia contra alguien y ventilas tu ira?* Poco trabajado.
  ¿Sientes la rabia pero domesticas la ira? Bastante trabajado.

¿Has alcanzado el nivel de altura interior que hace que ni sientas la rabia? Súper-trabajado.

- *Un padre hace uso de palabras vulgares en el colegio de tus hijos. Tú te enfrentas a él y le dices cómo debería actuar con el objetivo de que cambie.* Poco trabajado.

  Reconoces que tu responsabilidad no es aleccionar a ese padre, sino aprender a controlar tu deseo de hacerlo. Te controlas. Muy trabajado.
- *Alguien viene a ti con la frase «no te vas a creer a quién le han puesto los cuernos». Muerdes el anzuelo y das rienda suelta a tu morbo.* Poco trabajado.

  Reconoces que ceder a los cotilleos destruye, y respetar la vida de las personas, construye. Pides no saberlo y te vas. Muy trabajado.
- *Has sido un cantante famoso en el pasado. Hoy te recluyes en tu casa porque te has creído tu propio personaje y no soportas que la gente te vea decadente.* Poco trabajado.

  Trasciendes tu personaje y te apuntas a un curso que te permite crecer y relacionarte. Superas el qué dirán. Muy trabajado.
- *Abres tus redes sociales, te encuentras cien comentarios positivos y uno negativo. Los positivos duran en tu mente un segundo. El negativo, todo el día.* Poco trabajado.

  Eres consciente de que a quien no le gusta un comentario así es a tu ego. Lo entregas. Muy trabajado.

Para cada tentáculo del ego, desde la más simple pataleta hasta un caso grave, como puede ser arruinarse económicamente, hay alguien en esta tierra capaz de mantener la calma, y no por desinterés, sino por evolución. Y lo único que separa a esa gente del resto es lo **trabajados** que están. Esto es algo de una crucial importancia, ya que es la fórmula que desvincula nuestro nivel de felicidad de las circunstancias. Se puede ser feliz por dentro independientemente de lo que suceda por fuera. Pero sólo se consigue trabajando, no para cambiar a los demás, sino **trabajándose** para cambiar uno mismo. El simple hecho de leer un libro como éste ya es una parte considerable de ese trabajo (sobre todo entendiendo que el efecto se produce cuando se lee más de una vez); y por supuesto todo eso requiere esfuerzo, pero lo bueno de ello es que el premio es enorme. Lo que explica este Peldaño (y todo el libro en conjunto) es la fórmula que consigue que nuestro nivel de felicidad no dependa de lo favorable o desfavorable que sea nuestra vida por fuera, sino de lo **trabajados** que estemos por dentro. Estar **trabajado** significa ni más ni menos que tener un enorme entrenamiento en detectar y controlar nuestra Bolsa Negra, el ego, e invertir en ese entrenamiento es posible que sea la inversión número uno que cada uno de nosotros pueda realizar.

—*Anxo, pero entonces ¿esto se supone que será algo que tendré que hacer cada día durante el resto de mi vida?*

—*¿Comes a diario? Pues el esfuerzo que requiere **trabajarse** es el mismo. Pero el premio es infinitamente mayor.*

De todos los motivos por los que has venido a este mundo, el principal es... ser feliz.

---

36. LAS CONFUSIONES

Uno de los mayores peligros al escribir sobre Éxito Interior es que, cada vez que defiendo que algo no es de una manera, el lector se vaya erróneamente al extremo contrario. Es por ello que este Peldaño se va a centrar en aclarar ese par de temas principales que podrían llevar a confusión, y en explicar no sólo a lo que me refiero con ellos, sino también a lo que no.

NO CONFUNDAS JUICIOS CON DATOS

—*Anxo, si alguien no tiene dinero, y digo de él que es pobre... si desafina al cantar, y digo que no es cantante... si no se relaciona con nadie, y digo que es introvertido, ¿estoy juzgando?*

Decir que alguien es mala gente es un juicio. Decir que no tiene dinero, si es cierto, es un dato. Lo primero no sólo está abierto a interpretación, sino que esa interpretación no nos compete, ya que entrar a interpretar es entrar a juzgar. Lo segundo, siempre y cuando se tenga información fehaciente, es un dato objetivo (y por tanto tampoco estaría abierto a interpretación). Realmente lo importante no es siquiera el tipo de información, sino el espíritu con el que se dice. Todo juicio dicho sin mala intención deja de serlo, y todo dato dicho con mala intención se convierte en juicio. La clave está en la pregunta del Peldaño 9. ¿Desde dónde se ha dicho?

NO CONFUNDAS ACEPTACIÓN CON AMISTAD

—Anxo, en un Peldaño anterior dijiste que la gente tóxica no existe, que no es acertado etiquetar a nadie de esa manera, y que hay que trabajarse para aprender a aceptar la forma de ser de cada uno porque todos actuamos desde la ignorancia en algún momento, esto es, perfectamente acorde a nuestro Belt de evolución interior. ¿Significa eso que tengo que tener una relación de amistad con todo el mundo?

Por supuesto que no. Que sea desacertado enjuiciar a alguien como tóxico no significa que tengas que ser amigo de todos aquellos que no contribuyan a tu crecimiento. Hay mucha gente que te suma Y MUCHA GENTE QUE TE RESTA. Y es perfectamente legítimo elegir pasar más tiempo con los primeros y menos con los segundos. Clasificar a alguien de tóxico, con una etiqueta que parece diseñada poco menos que para clasificarlo de por vida y ponerle una losa de la que ya nunca se va a librar, es algo que sólo procede de la Bolsa Negra, pero reconocer que su forma de ser no contribuye a tu crecimiento, que no te suma, y elegir no pasar tiempo con él o ella es algo totalmente lícito y por tanto, Bolsa Blanca.

NO CONFUNDAS NO JUZGAR CON FOMENTAR

—Anxo, entonces, si alguien comete un acto destructivo y no puedo decir que es mala persona, ¿no estaría fomentando que lo repita?

No. Hay un dato que no es discutible. Todo lo que va en contra de la vida es destructivo y todo lo que va a favor es constructivo. Cada vez que alguien busca elegir el camino que destruye vida, **es acertado poner todos los medios que tengamos a nuestro alcance para evitarlo.** Se acepta lo pasado, pero se trabaja para prevenir lo futuro. Por tanto no juzgar no significa no reconocer que un acto va en contra de la vida, sino reconocerlo y actuar para evitarlo.

#88PeldañosGenteFeliz
Qué fácil parece la aceptación cuando se confunde con pasividad. Y qué difícil cuando no.
@Anxo

Quédate con esta conclusión. Nada de lo que se incluye en este libro te animará nunca a convertirte en un felpudo para que el resto del mundo te pisotee. Cuando tu hijo se porte mal, cuando un socio te robe, o cuando una pareja te maltrate, por supuesto que deberías ponerte firme con tu hijo, llevar a juicio a tu socio y dejar la relación si no hay solución. En ningún momento yo te aconsejaré fomentar lo que destruye en lugar de lo que no. ¿Dónde está entonces el quid? En poner exactamente los mismos límites que pones hoy pero sin lanzar un grito a tu hijo («¡¡que sea la última vez que...!!»), sin poner una etiqueta a tu jefe («es un tirano y me tiene harto»), sin buscar el placer que da contar a medio mundo todo lo víctima que eres («no te vas a creer la última que me ha hecho...»). O sea, se pueden poner EXACTAMENTE LOS MISMOS LÍMITES, pero actuando desde la Bolsa Blanca en lugar de desde la Negra. Eso es Éxito Interior.

37. ¿PERSONA O PERSONAJE?

¿Quieres vivir una vida de esclavitud? Sólo tienes que hacer una cosa: créete tu propio personaje.

—¿Qué significa creerme mi propio personaje?

Vender éxito: «Me he creído la cara A de la moneda, esto es, la buena, y ésa es la que me esfuerzo por proyectar. La B, esto es, la mala, es la que me esfuerzo por ocultar».

Martina es modelo. Ha ganado concursos internacionales de belleza. La gente la ve como la mujer perfecta. Ella se ha creído el personaje y ahora tiene que estar a la altura de la criatura que quizá otros han creado, pero que ella se ha creído. Y ¿qué sucede ahora? Se ha creado un campo de minas. Cada vez que le brote un grano en la cara, que gane peso o le salgan arrugas, su mina hará «¡BUM!», y ella sufrirá.

¿Solución?
No creerse su personaje:

Soy perfecta con todas mis imperfecciones. No tengo que estar a la altura de nada. Que la gente me vea o no me vea como la persona más bella del mundo no es de mi incumbencia. Si no me subo al pedestal que me han puesto, entonces nadie ni nada podrá nunca bajarme de él. Soy no un personaje, sino una persona. Soy humana. Soy alguien que va a tener arrugas, que en algún momento ganará peso... y eso no me representa menos que lo otro. Yo soy TODO. Y el día que me salga un grano, me miraré al espejo, lo observaré y sonreiré diciendo: ésa también soy yo y por tanto... LA AMO.

¡BIEN POR MARTINA! Ha trascendido su personaje. ¡Acaba de subir de Belt!

Eusebio es un abogado exitoso. Tiene un trabajo de prestigio, un matrimonio de fábula, una casa de ensueño y un coche que muchos desearían. Tiene la vida perfecta, o al menos eso ha conseguido hacer creer a todo su entorno, ya que él camina con orgullo como una persona de éxito, habla y se comporta como una persona de éxito, e invierte grandes cantidades de dinero en una imagen externa que demuestre que es una persona de éxito.

¿Qué pasa el día que pierde su trabajo o su matrimonio se derrumba? Que el dolor habitual de ese tipo de pérdida se multiplica por diez, ya que no tiene que enfrentarse sólo al pequeño dolor que sufre la persona, sino al inmenso sufrimiento que experimenta el personaje, puesto que éste es aniquilado por completo. Ése es el peligro de vivir como personaje en lugar de como persona.

—Ya, Anxo, pero es que yo no soy ni modelo internacional ni abogado de éxito.

No necesitas estar a ese nivel para estar expuesto a tu personaje. Todos lo estamos, independientemente del nivel en el que nos movamos. Cuando no pides ayuda porque todo el mundo te considera un tipo duro, eso es tu personaje. Cuando no quieres que tus compañeros de trabajo sepan que tienes una enfermedad porque «a ver qué van a pensar», eso es tu personaje. Cuando quieres que tus vecinos no sepan que estás teniendo una discusión con tu hija, eso es tu personaje. Cuando cuelgas fotos en redes sociales que sólo proyectan éxito, eso es tu personaje. Cuando no quieres que la gente del pueblo te vea llorando en un cementerio, eso es tu personaje.

Entiende esto: **SIEMPRE que defiendes un personaje, actúas desde el miedo**. Y cuando tires del hilo, verás que el origen siempre es el mismo: miedo a no ser valorado. ¿Cómo se elimina el personaje? Siempre amando a la persona. Ten amor incondicional por ti mismo. Cuando detectes una vulnerabilidad en ti, mírate al espejo y dite: ME AMO (¡incondicionalmente!). Si consigues amarte de verdad, entonces ya no tendrás miedo a que nadie conozca esa información, ya que la persona que están viendo es la persona que tú amas.

Imagínate que te bañan en escayola y te recubren de oro y joyas. Todo el mundo viene a adorar la estatua de oro y materiales preciosos. Tú estás infeliz por vivir en una estatua, pero feliz porque piensas que te adoran a ti. Un día rompes la escayola y te liberas de la estatua. Ya no te vienen a adorar centenas de personas, pero no lo echas de menos. Ahora te valora menos gente, pero estás feliz (de verdad), ya que en lugar de adorarte por el personaje, esto es, el oro de fuera, te valoran por tu persona, esto es, el oro que llevas dentro.

#88PeldañosGenteFeliz
No te centres en mejorar la persona que proyectas ser.
Céntrate en mejorar la persona que realmente eres.
@Anxo

38. LA FORTALEZA DE LAS DEBILIDADES

Dado que en este libro no paro de revelar, una tras otra, cosas que yo hacía mal, voy a añadir una más a esa larga lista (y al hacerlo, estaré cumpliendo con la propia enseñanza del Peldaño).

Durante mucho tiempo creí que reconocer tus debilidades te hace débil. Hoy creo que te hace fuerte. Es la fuerza que da mostrarse vulnerable. Si me permites un consejo, no te calles tus debilidades. Ahora verás por qué es un buen consejo. Éstos son los tres motivos principales.

El primero, porque cada vez que ocultas aquello que no va bien en tu vida es porque estás perpetuando el personaje del Peldaño anterior, el cual, por supuesto no tiene nada que ver con tu persona. «Si soy débil, quiero que me vean como lo que no soy, esto es, como fuerte». Pero las personas que viven en un personaje (y todos lo hacemos hasta cierto punto) corren un enorme peligro: el de enjaularse en su propia jaula. Ésta es la cárcel de la gente famosa o que se considera importante y ahora se siente obligada a defender esa imagen de importancia. Vivir defendiendo una imagen te debilita, y desprenderte de ella (reconocer debilidades, mostrarse vulnerable, reconocer que no tienes que defender ninguna imagen porque tu yo verdadero no tiene imagen) te fortalece. Además, todas las personas que acaban superando el deseo de defender una imagen que se han creado de sí mismos llegan a la misma conclusión. Vivían convencidos de que sucederían mil cosas terribles si dejan a un lado el personaje (saliendo a la calle sin maquillar si has sido modelo, cantando en un karaoke si has sido cantante, apuntándose a un curso como alumno cuando has sido profesor, saliendo a correr con sobrepeso cuando antes eras delgado, saliendo de casa cuando te han echado de un puesto importante), y cuando lo hacen descubren algo absolutamente maravilloso. Y es que... ¡NO PASA NADA!

Segundo. Cada vez que ocultas algo, tu mundo se encoge, y cada vez que lo revelas, tu mundo se expande. ¿Por qué? Porque

---

ocultar esclaviza y revelar libera.

Si te pasas toda la vida ocultando tus vulnerabilidades, posiblemente el mundo consiga detectarlas igualmente, y encima estarás soportando la carga de tener que esconderlas cada minuto del día, con todo el trabajo que eso requiere. El mero hecho de dejar de ocultarlas, de por sí, ya te hace menos vulnerable (es la fuerza que da reconocer debilidades), y además te libera.

Y tercero. Existe una correlación que casi parece milagrosa entre las debilidades que reconoces y la ayuda que recibes. Dices que tienes un problema de ventas en tu empresa o con la educación de tus hijos, o bien le cuentas a todos tus vecinos que has perdido a tu perro, a pesar de que te daba vergüenza («¡qué imagen voy a dar de mí mismo!»), y de manera aparentemente mágica, empiezas a atraer a personas que te ayudan con ese problema o hasta te lo resuelven. Sin embargo de mágico no tiene nada. Lo que has hecho al revelarlo es proporcionar una puerta a la ayuda, y el ser humano, cuando se le da una puerta, suele tener tendencia a abrirla. A todos nos encanta ayudar, pero sólo si tú nos proporcionas el cómo, y eso requiere contar no sólo lo que te va bien, sino sincerarte con lo que te va mal; no sólo todo aquello que sabes, sino todo aquello que te falta por saber. ¿Sabes qué tienen en común las personas que saben más? Que son las mismas a las que no les importa reconocer que saben menos. Y en consecuencia... preguntan.

#88PeldañosGenteFeliz
Reconocer una debilidad en algo, lejos de debilitarte,
te fortalece. Lejos de esclavizarte, te libera.
@Anxo

39. LA PAZ DEL FUTURO

LA PAZ DEL FUTURO... se compra en el presente.

Cuando era niño me gustaba mucho filosofar sobre la vida. No creas que era el típico que se quedaba aislado del mundo estudiando o leyendo (de hecho, si algo lamento, es no haber leído más). Me apuntaba a todo y era muy activo, pero también me gustaba cuestionarme la vida y reflexionar. Y de todas mis filosofías, hay una que se convirtió en la más representativa de mi forma de pensar durante mi infancia. Es la que estoy a punto de exponerte.

Yo defendía que una de las mayores tensiones en la vida era la existente entre el corto plazo y el largo plazo. Jugar al fútbol —impacto a corto plazo—, o estudiar para el examen del lunes —impacto a largo plazo—. Ahorrar para algún día invertir más en mi formación —largo plazo— o comprarme la bicicleta de mis sueños —corto plazo—. Y que de las dos, la más importante siempre era el largo plazo. ¿Por qué? Porque el largo plazo da felicidad, y el corto plazo sólo da placer. El motivo por el que yo defendía invertir en lo primero y no en lo segundo es porque sólo la felicidad es duradera, mientras que el placer es efímero. Mi conclusión era: las vidas mejores son aquellas en las que se ha tenido la disciplina de priorizar siempre el largo plazo en detrimento del corto. Punto.

Esa postura la mantuve durante la mayor parte de mi vida. Y si tú eres el tipo de persona a la que le cuesta tener la disciplina del autocontrol, dada a entregarse a los placeres de la vida (sean sanos o no) y con tendencia a disfrutar del presente a casi cualquier precio, no deberías leer el resto del Peldaño. La teoría de mi niñez es perfecta para ti, y tenerla siempre presente puede ayudarte a alcanzar el punto medio (no te preocupes, no te llevará al otro extremo). Si no es tu caso, sigue leyendo.

La teoría podría ser aparentemente preciosa, pero tiene un problema. Escondida en mi primer libro, *Los 88 Peldaños del Éxito*, había una frase de un alto valor: «Vivir en el pasado es vivir en la nostalgia. Vivir en el futuro es vivir en una hipótesis». ¿Qué significa esto? Que de todos los días de la historia, sólo un día es real: hoy. Y si no disfrutas el hoy, te podrías estar perdiendo justo aquello que representa lo único que tienes, dado que todo lo demás no existe. Por tanto, mi teoría estaba carente de un complemento. Es éste:

#88PeldañosGenteFeliz
Vive el presente de manera que cuanto más te acerques
al futuro, más agradezcas tu pasado.
@Anxo

Y eso requiere disfrutar. Ojo. No estoy diciendo: «Haz del presente un jolgorio». Lo que estoy diciendo es que tan malo sería vivir en el corto plazo sin tener nada en mente el largo, como vivir tan centrado en el largo que llegues a odiar el corto. Hay placeres que duran cinco minutos y no aportarán nada a tu futuro, pero su valor es inmenso porque añaden color a tu vida en el presente.

¿Cómo saber entonces dónde está el límite? La regla es ésta. Puedes (y debes) disfrutar al máximo del presente siempre y cuando no rompas esta condición:

nunca vivas el presente a costa del futuro.

Si un presente mejor no constituye un futuro peor, tendrás luz verde. En caso contrario, tendrás luz roja. Cómete ese delicioso pastel y disfrútalo con la mayor concentración. Pero ten la disciplina de no comerte los diez siguientes. Y por cierto:

no hagas uso del «un día al año no hace daño» si no han pasado 364. ☺

Y ésa es la paz más importante. Primero, buscas el equilibrio perfecto en el presente, en el que intentas producir el mayor número de placeres, pero sin que ninguno sea a costa de tu futuro. Luego, alcanzas el futuro y desde allí te enorgulleces de tu pasado, esto es, aquello que ahora es tu presente. Y el resultado de todo ello es disfrutar de la paz más importante: la que da mirar atrás y saber que has vivido la vida mejor con la sabiduría mayor.

LA PAZ DEL FUTURO... se compra en el presente.

40. ¿TERRENO O CASA?

#88PeldañosGenteFeliz
No inviertas sólo en aquello que te ayude a sumar.
Invierte también en aquello que te ayude a no restar.
@Anxo

En general, la gente suele considerar que las diferentes áreas de nuestra vida nos dan más o menos felicidad, y que esta felicidad es del mismo tipo para todas las áreas, pero realmente no es así. No existe un solo tipo de felicidad, sino dos. Uno de los tipos es el que tiene poder para darte felicidad y el otro es el que tiene poder para no quitártela. Lo interesante es que no pueden cruzarse. Lo que tiene poder para no quitarte felicidad no tiene poder para dártela y viceversa.

Tranquilo. Quizá te haya costado entender esa última frase, pero voy a usar un símil que la explica de forma muy clara. Es el símil del TERRENO y la CASA.

Cuando tú quieres construir tu propia vivienda para vivir en ella, siempre necesitas dos elementos: el solar, es decir, el *terreno*; y la edificación, es decir, la *casa*. El terreno no tiene el poder de darte una vivienda en la que vivir, ya que en un terreno no se vive, pero, sin embargo, sí tiene el poder de dejarte sin vivienda, ya que sin terreno, no hay casa. Por otro lado, si tienes los planos, el dinero y los materiales para construir la casa más bella del mundo pero no hay un terreno sobre el que construirla, será una gran pena, pero... la casa más bella del mundo nunca será una realidad.

¿Cómo se traduce esto a la vida real? Presta atención porque es un concepto interesantísimo. Si tomamos el área de la salud, mucha gente dice habitualmente aquello de «la salud es lo primordial en la vida», y pareciera que es el área con mayor capacidad para hacernos felices. Pero la salud no tiene poder para generar felicidad. ¿Por qué lo dicen entonces? (Aquí viene lo importante.) Porque sí tiene poder para no quitártela. Cuando tienes buena salud, no eres más feliz, pero cuando no la tienes, sí lo eres menos. La salud es... un TERRENO. Igual que donde no hay terreno no hay casa, donde no hay salud no puede haber felicidad. «¿Y un proyecto que me apasiona? ¿Es terreno o es casa?». Es CASA, ya que tiene el poder de añadir a tu vida enormes dosis de felicidad y realización (tu edificación), pero si, y sólo si, tienes todas las áreas que representan el TERRENO bien atadas previamente.

La CASA se centra en los máximos, pero el TERRENO te da los mínimos, y sólo la garantía de los mínimos te posibilita el alcance de los máximos. Los mínimos no tienen poder para sumar (felicidad, casa, construcción), pero sí tienen poder para no restar.

¿Y la familia, el dinero o un trabajo? Siempre que lo que te aporten sea de mínimos, serán tu TERRENO, y cuando con ellos generes algo de mucho valor, serán tu CASA. Si la relación con tu familia es simplemente neutra, ni buena ni mala, y uno de tus familiares falleciera, tú estarías muy infeliz, pero, sin embargo, cada día que no fallece no estás más contento (TERRENO). Si por el contrario, realizas veladas inolvidables y viajes mágicos con ellos, con cada uno estás aumentando un poco tu nivel de felicidad, ya que no sólo tienes TERRENOS, sino que además, construyes CASAS.

¿Cuáles son las tres aplicaciones de esta fórmula a tu vida? Si te centras en conseguir máximos (casa) y tus mínimos están desatendidos (terreno), esos máximos desaparecerán igual que desaparecería tu casa el día que te expropiasen el solar. Centrarse sólo en mínimos pero no construir nada más, sería como adquirir el terreno y nunca edificar tu casa. Esto equivale a tener una vida de mediocridad, en la que no sufres, pero tampoco prosperas. Y por último la fórmula del éxito... Ésta consiste en asegurarse de no descuidar nunca tu TERRENO, esto es, todas las áreas que aunque no tienen poder para darte felicidad, sí tienen el poder de quitártela —la salud, la estabilidad emocional, las relaciones personales, el trabajo, la paz mental, un mínimo de dinero—, pero para luego construir algo sobre esas bases, esto es, tu CASA. ¿Y sabes cuáles son las casas más bellas? Las que se construyen con una única palabra en mente: **significado**.

Significado es convertir gotas de potencial en gotas de valor.

Una vez tengas en orden tu vida —lo que constituye tu TERRENO, esto es, los mínimos—, haz todo lo posible por añadir a tu vida el mayor número de áreas que aporten las mayores cantidades de **significado** —esto es... tus máximos.

41. EL SAXOFÓN

Este Peldaño te va a relatar una historia real. Es la historia de mi amigo Manuel y describe cómo diez minutos de determinación pueden ser más poderosos que diez años de duda. Es una combinación de varios Peldaños anteriores, ya que aplica muchos de sus principios. El mensaje que hay detrás de esta historia tiene el poder de revolucionar tu vida, de motivarte a hacer algo que nunca has hecho o de hacer volar por los aires tu rutina. Es la historia del saxofón. Éste es el relato por boca de Manuel...

Hace unos años me prometí que ése era el último año de mi vida en que no sabría tocar el saxofón. Me equivoqué. Fracasé ese año, y el siguiente, y el siguiente. Durante diez años salí derrotado de una batalla que ya desistí de poder ganar. Pero pasé por alto una gran arma con la que todo ser humano cuenta: el poder de la determinación. Un día te levantas por la mañana, miras de frente a ese enemEGO llamado pereza, y le dices: «Lo siento, pero he decidido que hoy gano yo». Te pones en marcha como un tren sin frenos sobre una ligerísima pendiente. Apenas lleva velocidad, pero ya nadie puede detenerlo.

Cuando dices «basta» y tomas esa decisión que ni el universo entero podría frenar... todo tu cuerpo lo sabe.

Así es como sucedió... Era el día de Reyes y decidí regalarme un saxofón. Realicé la compra del instrumento online, y un par de días después lo recibía en mi casa a las 13.55. A las 14.00 me metí obsesivamente en internet para encontrar a alguien (fuese quien fuese) que me enseñase a tocarlo, ya que no tenía la menor idea. A las 16.00 hice una clase de una hora con un profe muy friki: un tupé de diez centímetros, zapatillas y camiseta de skater *y edad por debajo de los veinte años. Fue el primero que encontré. «Tengo dos objetivos: el primero es aprender a tocar el saxofón hoy mismo. El segundo es tocar el solo de saxofón más famoso de la historia, "Careless whisper". Ah, y conseguirlo antes de que pasen veinticuatro horas», le dije con toda la candidez del mundo en cuanto le abrí la puerta de mi casa. Más tarde me confesó que al oír mi primer objetivo, pensó que acababa de fumarme algo y que con el segundo directamente concluyó que yo estaba loco.*

Me explicó cómo sellar la boca para que no escape el aire, dónde estaba cada nota, cómo colocar las manos, cómo sujetar el instrumento, cómo soplar, cómo forrar el diente con el labio. Yo presté atención a todo, y me puse a intentar hacer lo mismo que él hacía, pero sin éxito. ¡Ni siquiera conseguía producir un solo sonido! Ni a las cinco, ni a las seis, ni a las siete de la tarde... Sólo con él delante pude extraer un par de amagos de algo, si no ya de música, sí de ruido. El resto de la tarde, tras un sinfín de intentos por mi cuenta, sólo sentía frustración.

Por fin, sobre las ocho de la tarde empecé a sacar los primeros sonidos medianamente decentes; y para mi sorpresa, una vez sonaron los primeros, el resto llegaron no con dificultad, sino con facilidad. Es como excavar diez metros sin hallar el oro y luego encontrar una mina entera sólo un centímetro más abajo. Lo que te da el tesoro es el último centímetro, pero su mérito no es mayor que el de los mil anteriores.

No me lo podía creer, pero había alcanzado mi primer objetivo. Al día siguiente continué tocando, y tras un altísimo número de grabaciones intentando obtener una sola toma sin fallos, por fin conseguí tener una toma buena de mi preciada «Careless whisper». ¿Estaba bien tocada? En absoluto. Sonaba horrible. ¿La conseguí tocar del tirón? Ojalá. Tuve que grabarla a trozos y luego ir pegando esos trozos para obtener la toma final, pero eso ya daba igual. Lo había conseguido y ya nadie podía quitarme el sabor de la victoria. Caí rendido en el sofá... y sonreí.

Un mes después estaba en una entrevista en Radio Nacional de España y me pidieron algo de música grabada por mí. No lo dudé. Era mi peor grabación... pero mi mayor proeza.

Quizá te preguntes cómo logré poner fin a diez años de pereza. Aquí mis consejos:

- *No te preguntes «¿por qué sí?». Dite «¿por qué no?».*
- *Cuando quieras tocar el saxofón, el piano o la guitarra, no permitas que el cerebro piense. Sólo agarra el instrumento y ponte a ello.*
- *Lo único que te separa de hacer algo que nunca has hecho son... cinco minutos.*
- *Escribe en una hoja en letras grandes: «¿YO PUEDO?»; y luego borra ambos interrogantes.*

#88PeldañosGenteFeliz
La frase típica es «si crees que puedes hacerlo, entonces puedes». La frase correcta es «si crees que puedes hacerlo, entonces hazlo».
@Anxo

Por cierto. Dos apuntes sin importancia sobre mi amigo. El primero es que, aunque la historia sí es real, él no se llama Manuel. El segundo es que... vive en mi espejo. (Si bien lo de menos es el protagonista.)

[Deja el libro un momento y escucha la entrevista original entrando en este enlace. Te va a sorprender: www.88peldaños.com]

42. ¿CONOCES LA PESTE?

¿Conoces a gente con este tipo de tendencias?:

- *Suspende un examen y considera que es debido a que al profesor no le cae bien.*
- *Su marido le pide tener una noche al mes para quedar con sus amigos, y ella concluye que si la quisiera, no le pediría algo así.*
- *Sus nietos le dicen que este fin de semana no podrán ir a verlo porque tienen una competición y concluye que son unos egoístas. «Dándoles regalos todas las navidades para esto», lamenta.*
- *Sus padres le piden que haga un recado, y ella se rebela con tono defensivo: «¿Por qué todo el mundo siempre me pide todo a mí?».*
- *Su jefe lleva todo el año elogiándolo y el día que le dice que su informe no es válido, se enfada, exclamando: «Siempre me dicen que hago todo mal».*

Él o ella sufre, se desespera y concluye que todos están en su contra y no entiende los porqués. Pero yo puedo dárselos. ¿Sabes lo que le pasa? Que ha contraído la «peste». La peste de la que hablo es la enfermedad del **victimismo**. Se ha ensimismado. Ha entrado en un bucle en el que, en una escala de cero a diez, la validez de la postura del resto del mundo es cero y la de la suya es veinte. Cuando contraes esa peste y entras en «modo victimista» se cierran todos los poros de tu piel, y ya nada puede penetrarla. El menor comentario que no sea percibido como cien por cien a su favor, automáticamente lo percibe como cien por cien en su contra. Si conoces a alguien con estos síntomas, recétales este Peldaño.

Éstos son los puntos a tener en cuenta para eliminar la peste del victimismo:

1. ¿Cuál es el primer paso para ganar la batalla contra el alcohol? Reconociendo que se es alcohólico. ¿Cuál es el primer paso para ganar la batalla contra el victimismo? Reconociendo que se es victimista. Éste es, por tanto, el punto de partida en tu cometido. Mientras no se consiga esto, todo lo demás carece de sentido. ¿Cómo conseguirlo? Sigue leyendo.
2. No busques convencerlo tú. Busca que quien se convenza sea él mismo. Para ello toma cada una de las cosas que te gustaría decirle y entiende que son afirmaciones, y que por tanto, pueden ser tomadas como órdenes. Orden es igual a ataque, y...

Toda sensación de ataque provoca un deseo de defensa.

¿Cómo remediarlo? Muy sencillo. Cambia tus afirmaciones por preguntas (punto siguiente).

3. Siéntate con la persona que sufre de victimismo y hazle un alto número de preguntas de este tipo: de 0 a 5, ¿cuánta manía dirías que te tiene el profesor (o tu jefe)?; de 0 a 5,

¿cómo de habitual crees que es que tu familia se ponga de acuerdo para llevarte la contraria? Luego anota todas sus respuestas, suma los puntos y muéstrale lo descompensado que está.

4. Explícale que aunque tuviera razón, la forma de atraer moscas no es usando limones, sino miel. Si tus amigos te hacen el vacío, la solución no es quejarse. Es seducirlos (con la versión mejor y más honesta de ti mismo).
5. Centra tus preguntas en encontrar el beneficio oculto de ese victimismo. A lo mejor alguien odia ser maltratado, pero adora correr a contarlo. Entonces, en el fondo, cuando sucede, no disfruta de lo primero, pero sí de lo segundo, con lo cual podría no querer ponerle fin.
6. Y por último, si su victimismo le lleva a alejar a la gente de su vida, quedándose cada vez más aislado, dile que crees mucho en la frase siguiente y que le invitas a pintarla en su espejo del baño.

#88PeldañosGenteFeliz
Si a cada persona que te ofende le pones una cruz,
convertirás tu vida en un cementerio.
@Anxo

43. CÓMO EXPULSAR LA ENVIDIA DE TU VIDA

#88PeldañosGenteFeliz
En el mundo hay dos tipos de personas en lo que respecta al éxito ajeno. Los que se alegran y los que se enfurecen.
@Anxo

TODOS estamos expuestos a ser víctimas de la envidia. Procede de un instinto de supervivencia. «Si el otro tiene algo de lo que yo carezco, automáticamente él es más fuerte y yo más débil». FALSO. Quizá en la época de las cavernas, en la que tener un trozo de carne más o menos podía ser la diferencia entre la vida y la muerte, esto era así, pero hoy no lo es.

Cuando China consiguió sacar de la pobreza a más de quinientos millones de personas en poco más de treinta años y se situó entre las primeras economías del mundo, muchos países y personas sintieron recelo por ese crecimiento tan vertiginoso y hasta miedo de que iban a conquistar el mundo. Sin embargo, con la llegada de esa descomunal riqueza, llegó también la creación de numerosas y excelentes universidades chinas que hicieron que se disparara la investigación científica a escala mundial sólo por la enorme contribución de China. Ahora viene lo importante. Si unos investigadores chinos encuentran la cura para una enfermedad que afecta a todos y cada uno de los países del mundo, ¿quién se beneficia de ello? ¿Los chinos o todos? Vivimos en un mundo en el que el talento, el conocimiento y la riqueza se multiplican año tras año, y esto es algo de lo que nos beneficiamos todos. Sentir envidia es ser desconocedor de ese hecho, pensando que un aumento de mi éxito debe de conllevar un descenso del tuyo, cuando es justo al contrario.

¿Sabías que una parte grande de la población siente un cierto placer ante los fracasos ajenos? ¿Sabes a qué se debe? Es curioso pero no se debe a una cuestión de maldad, sino a una cuestión de inseguridad: «Si los éxitos de mi vecino no acaban siendo demasiado grandes, entonces los míos no acabarán pareciendo demasiado pequeños». Falso. El que te habla no eres tú. Es uno de los tentáculos del ego: tu miedo. La envidia es el resultado del temor procedente de las inseguridades, y este temor siempre es un temor infundado. El segundo mayor beneficiado de la eliminación de la envidia es aquel por el que la sientes. El primero... eres tú.

¿Cómo eliminar la envidia?

El primer paso está contenido en la primera frase del Peldaño. Todos y cada uno de los cambios mentales que todos y cada uno de los Peldaños de este libro te proponen siempre empiezan de la misma manera: **elevando tu nivel de consciencia**. ¿Sabes qué sucede en el mismo momento en que tu cerebro es conocedor de un hecho a mejorar? Que ya lo ha mejorado. Simplemente leer las palabras «eres vulnerable a la envidia» hace que después de leerlas seas menos vulnerable de lo que lo eras antes de haberlas leído. Increíble. Pero cierto. Ése es el poder de libros como éste. Si yo consigo que cuando dejes este libro sobre la mesa, sigas dándole vueltas a este hecho de vez en cuando y que tu mente dedique unos minutos a reflexionar sobre ello y empieces a detectar más momentos en los que eres vulnerable a la envidia, habré conseguido que pongas en marcha la principal pócima para eliminarla.

Pasemos a la segunda parte del proceso. Ahora que la has detectado, simplemente memoriza la frase siguiente y úsala cada vez que te encuentres ante el éxito de un conocido y te pilles a ti mismo con tendencia a sentir recelo:

«CUÁNTO ME ALEGRO POR TI».

«¿Y si no tengo ganas de decir algo así?», podrías preguntar. Entonces, dilo sin ellas.

Empieza por decirlo sin necesidad de sentirlo y acabarás por sentirlo sin necesidad de decirlo.

Ni siquiera tienes que decírselo a la cara. Empieza por decirlo en tu mente, ya que lo importante no es el efecto que esas palabras causen en el otro, sino el que producen en ti.

Igual que nuestros ancestros, aun teniendo mucha menos fuerza que las bestias consiguieron domarlas usando tan sólo el ingenio de su mente, tú conseguirás domar tu bestia, la envidia, usando el ingenio de la tuya. Cuando la detectes, imagínala agitando su cabeza desobediente y visualízate tirando de las riendas con todas tus fuerzas, dispuesto a no ceder a sus intenciones. Y verás que cada vez... necesitas tirar con menos fuerza.

**Hay dos tipos de envidias.
La insana se traduce en recelo para deprimirse.
La sana, en motivación para superarse.**

Tú decides cuál eliges.

44. EL GUION DEL ÉXITO

#88PeldañosGenteFeliz
Por cada cofre que encierra una oportunidad, existe una frase ganadora con la capacidad de abrirlo.
@Anxo

Con una frecuencia que suele ser anual, organizamos en Madrid mi mayor evento de desarrollo personal. Es un evento multitudinario que atrae a personas de todos los rincones de España y parte del extranjero. Si me sigues, seguramente ya lo conozcas. Se llama el Día del Éxito (con la compra de este libro tienes acceso gratis al vídeo completo del Día del Éxito entrando en www.88peldaños.com; te invito a entrar ya si no lo has hecho todavía). Y uno de los temas que directa o indirectamente siempre acabo tocando en ese evento es el del «guion del éxito», dada su enorme repercusión en todas las demás áreas.

El guion del éxito podría resumirse de esta manera: es un conjunto de frases ganadoras, cada una de las cuales ha sido diseñada estratégicamente para ser la frase perfecta para el momento perfecto. Son frases que lleva tiempo encontrar, pero que, una vez encontradas, puede tenerse la certeza de que, aplicadas a la situación adecuada, funcionarán siempre. El proceso requiere, por un lado, dar con esa frase ganadora para cada situación y adaptarla a uno mismo para sentirse cómodo con el resultado final (algo que no se consigue a la primera), y por otro, memorizar cada una de sus palabras de forma literal, sin agregar ni restar nada, ya que, si realmente es una frase ganadora, no necesita modificación.

El segundo propósito de este Peldaño es ofrecerte un par de ejemplos de guion del éxito, con frases ganadoras para diferentes escenarios. Pero el primero es que trasciendas estos ejemplos y que, al elevar tu nivel de consciencia durante la lectura de este Peldaño y ser conocedor de la existencia de los guiones del éxito y de su enorme poder, tú mismo te muestres inconforme con éstos y te predispongas a generar mil más.

Imagínate que...

Estás con tus amigos en un bar. Alguien lanza un acertijo y nadie parece conseguir resolverlo excepto tú. Tu amiga Marta, la chica que lanzó el acertijo, te sonríe, te mira a la cara y te lanza un piropo que le sale del alma. «Siempre dije que eras brillante», exclama. Nada más oír el piropo, dos energías recorren tu cuerpo a toda velocidad haciéndote sentir un ardor de los pies a la cabeza. Una energía procede de lo halagada que te sientes; la otra de lo mucho que te ruboriza, dado que no tienes ni idea de cómo gestionar el piropo. Tu mayor miedo es parecer engreída, así que tu inseguridad te lleva a hacer cualquier cosa menos aceptarlo. Primero te tocas el pelo. Luego te atas los zapatos. Y finalmente sueltas un comentario que niega el piropo con la intención de ser modesta, pero cuyo efecto es el contrario del que buscabas: «Qué va... No soy para nada brillante». En consecuencia tu piropeadora se siente cortada y en cierto modo rechazada. Una semana más tarde, justo cuando iba a regalarte otro piropo, cambia de opinión y decide callárselo.

¿Con qué guion del éxito se podría haber solucionado?

- *Qué amable eres. Gracias por tus palabras.*

Tu esposa y tú os habéis enfadado. Los dos deseáis que el otro dé el brazo a torcer. Ninguno lo hace. Ambos decidís iros a dormir sin resolver la disputa y retirando amor en lugar de dándolo, a pesar de ser conscientes de que ese tipo de desencuentros a la larga dañan la relación.

¿Con qué guion del éxito se podría haber evitado?

- *Los dos creemos que tenemos razón. ¿Te parece si cedemos ambos?*

Tu jefe te hace responsable delante de todo el equipo del fracaso del evento anual de tu empresa para captar clientes. El fracaso no fue responsabilidad tuya, sino de un pedido de vuestro proveedor que no llegó a tiempo. Te sientes humillado, te enfureces y como resultado del calentón, decides dejar tu trabajo en el acto.

¿Con qué guion del éxito se podría haber evitado?

- *[A tu jefe.] Estamos a cinco minutos de resolver el malentendido. ¿Me los concederías?*

«Antoñito, ¿has hecho los deberes?». Antoñito no ha oído nada de lo que le acabas de decir porque está superando el cuarto nivel de su vídeo-juego preferido. «Ayer me dijo tu maestra que tenías que mejorar en matemáticas y estoy muy preocupada». Antoñito mata a cuatro de los malos y pasa del nivel cinco al seis. «Si no me haces caso, se lo voy a decir a tu padre». Antoñito acaba de conseguir un nuevo récord personal. Está eufórico. Tú no tanto. Te da la sensación de que tus consejos le entran por un oído y le salen por otro, pero esa sensación es incorrecta. Nunca le llegaron a entrar.

¿Con qué guion del éxito se podría haber solucionado?

- *Necesito que me mires a los ojos.*

Igual que primero cavas el hoyo y luego plantas el árbol, primero capta la atención, y luego da tu mensaje.

Lo único que te separa del resultado más favorable es la frase más acertada.

45. EL MODO PERFECTO DE DAR UN CONSEJO

Muchos hemos metido la pata dando consejos que no nos han pedido, y también muchos nos hemos sentido molestos al recibir consejos que no hemos solicitado. ¿Cómo se podrían haber evitado esas situaciones incómodas? Con este truco: no regales un consejo; regala tu experiencia. ¿Cómo? Por supuesto, con un guion del éxito. Sigue leyendo. Aparece al final.

Cada vez que damos un consejo que el otro no ha pedido, nuestro ego nos dirá que lo estamos haciendo por el bien de él, ya que, para que le compremos su artimaña, el ego (que es muy listo) nos la disfrazará como ayuda. (Presta atención a este importantísimo apunte. Es vital para entender el ego: Siempre que le sea posible, la Bolsa Negra intentará de convencerte de que en realidad era Blanca, pero si miras dentro, con total auto-honestidad, sabrás reconocer perfectamente que es un disfraz y darte cuenta de que no es Blanca, sino Negra.) Pero toda ayuda, por muy buena que supuestamente sea, puede no ser deseada por el que la recibe, y entonces es impuesta por el que la da. Y esto implica que el que se beneficia no es él por haberla recibido, sino tú por haber extraído el placer de darla (por supuesto, sin su permiso). Esto tiene varios problemas. Uno es que su libertad ha quedado coartada. «Ya, pero es por su bien. Yo sé que se está equivocando», dices. Primero: esto es tu opinión, y está sujeta a error; sería como aconsejar al resto del país que vote al partido político al que tú votas, ya que es por su bien. Y segundo: el derecho a equivocarse es uno de los derechos más importantes, y paradójicamente, conceder ese derecho no requiere un sacrificio por parte de él, sino por parte tuya. Pero el mayor de los problemas es que dar un consejo a alguien que no lo solicitó, sin pedir permiso previo, crea jerarquía. Es como estar diciendo: «Yo conozco la verdad y tú no. Y por tanto, yo te hablo desde un plano superior y tú me escuchas desde uno inferior». Hmmm... elección desacertada.

#88PeldañosGenteFeliz
Si el consejo te hace más bien a ti que a él, ahórratelo.
@Anxo

Aquí la solución definitiva para convertir los consejos en regalos y no herir sensibilidades *nunca máis*.

Are you ready?

Cuando tengas la tentación de dar un consejo gratuito, simplemente supérala hablando no de lo que debería hacer el otro, sino de lo que te ha funcionado a ti, usando el siguiente guion del éxito: ***«En mi experiencia...»***.

¡BUM!

Tres palabras que lo cambian todo.

¿Hay jerarquía? No. Hemos pasado de dar un consejo de arriba abajo a compartir una experiencia entre dos personas que están al mismo nivel.

¿Puede ofender tu consejo? No porque no lo hay. Ahora ya no estás dando un consejo. Estás compartiendo una práctica que a ti te ha funcionado.

¿Estás imponiendo tu criterio? No, ya que no puede haber imposición allá donde tan sólo se comparte una experiencia propia. La imposición surge cuando se usan términos del tipo «deberías», «te aconsejo», «más te vale» o «te equivocas si...», todos faltos del tacto de la diplomacia. Cualquiera de estos cuatro ejemplos corre el riesgo de ser percibido como ataque, y toda percepción de ataque provoca posición de defensa. Mal rollo.

Si, gracias a este Peldaño, tú te comprometes conmigo a memorizar y utilizar las tres palabras anteriores, en ese orden, cada vez que te veas tentado de dar uno de esos consejos imprudentes, yo me comprometo contigo a demostrarte que la relación con tus compañeros de trabajo o de estudios, amigos y sobre todo familiares pegará un gran salto.

Trust me.

Si la diplomacia es un arte,
seamos artistas.

---

46. ¿ESTADO DE CONFIANZA O DE PROTECCIÓN?

De todos los binomios incluidos en *Los 88 Peldaños de la Gente Feliz*, que no son pocos, éste es de los más importantes. De hecho, yo diría que es una de las líneas divisorias entre una vida con éxito y abundancia y una vida sin ellas.

Como indica el título de este Peldaño, se puede vivir en estado de confianza o en estado de protección. La mayor parte de la gente pertenece al segundo grupo. Y, en ese estado, su foco no está en cómo hacer que su vida se enriquezca, sino en cómo hacer que no se empobrezca. Y si te paras a reflexionar sobre este hecho, verás que las diferencias son enormes. Cuando te centras en enriquecer tu vida, tu foco está en el presente, en el hoy, y en consecuencia puedes vivir disfrutando de la realidad, ya que realidad y presente son la misma cosa. Además, hay receptividad y apertura (al crecimiento, a las colaboraciones, a las oportunidades). Ahora bien... (atención al lado opuesto), cuando te centras no en cómo enriquecer tu vida, sino en cómo no empobrecerla; no en cómo ganar, sino en cómo no perder, entonces no vives en un estado de disfrute, sino en un estado de preocupación, centrado no en qué puedes extraer de tu presente, sino en qué podrías perder en tu futuro. Pero, cuando cambiamos el presente por el futuro, incurrimos en un grave problema, ya que no se puede disfrutar de la realidad del futuro, puesto que el futuro no es real. El momento en el que se convierte en real es el mismo momento en que deja de ser futuro.

Imagínate que llegas a este mundo sabedor de que una de las primeras mil personas que vayas a conocer en tu vida te va a traicionar y se va a aprovechar de ti. Cada vez que conoces a alguien nuevo, te preguntas: «¿Será éste el traidor?». En consecuencia, entras en estado de protección, y tomas a cada persona que te presentan como un peligro potencial. Como resultado de esa preocupación y del estado constante de alerta, desconfías de todo el mundo y por supuesto te proteges.

¿Funciona la protección?

Sí. Esa persona que te iba a robar o que iba a abusar de ti efectivamente no puede hacerlo porque gracias a tu estado de protección permanente has conseguido bloquearla y protegerte de ella.

¿Dónde está entonces la paradoja? **En que has bloqueado lo malo de una persona, pero también lo bueno de 999.**

Ése es el precio de vivir en estado de protección permanente.

La solución se encuentra en cambiar esa mentalidad por ésta: «Existen los que desconfían de la gente y los que confían en las personas, y yo elijo ser parte de los segundos. Me irá mal con docenas, pero bien con docenas de miles».

¿Significa esto que hay que vivir de forma temeraria y sin tomar precauciones? Por supuesto que no. La solución no está en no tomar precauciones, sino en no vivir asustado. ¿Cómo se hace? Eligiendo la confianza en detrimento del miedo.

#88PeldañosGenteFeliz
Confía no en que tu vida será de color de rosa, sino en
tu capacidad para aceptar los arcoíris.
@Anxo

Un día viví una situación real que para mí cristalizó para siempre el poder de este Peldaño. Dos personas de mi confianza tenían sendos inmuebles en venta. Cuando el primero recibió noticia de que alguien estaba interesado, entró en estado de alerta: «A ver qué quiere éste ahora. Como no me dé lo que busco, ¡no se lo vendo! ¡Yo tonto no soy!», exclamó. Sin saberlo, había dicho no antes incluso de escuchar su oferta. Estado de protección. El otro lo llamó con una sonrisa telefónica y agradeciéndole la oportunidad de poder hacer negocios juntos. Estado de confianza. El primero hoy es todo menos rico. El segundo hoy es todo menos pobre.

47. ¿PLASTILINA O PIEDRA?

#88PeldañosGenteFeliz
Del viento aprendí que el árbol más rígido es el árbol más frágil.
@Anxo

¿Te gustaría saber si eres una persona con un Belt de Éxito Interior alto o bajo? La respuesta está en los símiles de la piedra y la plastilina. Así, cuanto más cerca estés de ser piedra, más bajo será tu Belt; y cuanto más cerca estés de ser plastilina, más alto. Y por supuesto, en consecuencia, cuanta más personalidad piedra, menor grado de felicidad; y cuanta más personalidad plastilina, mayor grado de felicidad.

Un día hice una sesión de coaching con Mónica, una persona súper-entusiasta, con una personalidad arrolladora pero dulce, que se mueve a gran velocidad y con un nivel de inteligencia muy elevado. Me contó que su problema principal era que no conseguía encontrar al chico de sus sueños. Le pregunté por qué, y, tras escucharla hablar durante varios minutos, llegó a la conclusión de que a la primera conversación que tenía con cada uno de los que pudieran interesarle, ya los había descartado por considerarlos insuficientemente inteligentes. Sin opción a duda, en su mente consideraba que el problema lo tenían ellos. Pero la realidad es que el problema no estaba en aquello que ellos le podían ofrecer, sino en su incapacidad para predisponerse a recibirlo. Le conté el símil de la piedra y la plastilina y me di cuenta del poder tan grande que tiene una sola historia cuando al oírla desde fuera, algo hace clic desde dentro. A Mónica le hizo ese clic.

Éstas son las propiedades de la piedra y la plastilina. La piedra, por encima de todo, se caracteriza por la rigidez. La plastilina, por encima de todo, se caracteriza por la flexibilidad y la adaptabilidad. Cuando eres piedra, tu rigidez te lleva a ver la vida blanco-negra eres categórico, tienes líneas rojas que no permites que nadie cruce, y estás dispuesto a emplear toda tu exigencia para proteger las reglas que tú mismo has creado, usando tu fuerza si fuera necesario. Mantienes tu FORMA (de ser, de actuar) sin predisposición de adaptarte a la de nadie. Por tanto la piedra, que no está dispuesta a moldearse, nunca cede en su firmeza. Es implacable, y como consecuencia de su dureza y rigidez puede llegar a hacer mucho daño. La plastilina no. La plastilina es blanda, suave, agradable, adaptable, flexible...

¿Qué implicaciones tiene todo esto? Que las personas-piedra, como resultado de toda la descripción anterior, son las personas que más sufren. Cuando creas un criterio firme de reglas y estipulaciones sobre cómo debe actuar el mundo y cómo debe ser la vida, acabas de crearte tu propio campo de minas. Cada vez que algo no cumpla tus criterios de rigidez, estará explotando una de esas minas, y en consecuencia, tú sufrirás. Sólo hay explosiones allá donde hay minas, ya que de no haber habido minas, no habría habido explosiones.

Imagínate que alguien desenfunda una poderosa espada dispuesto a agitarla con todas sus fuerzas. Cuando esa espada golpee la piedra, ésta se partirá en dos. Pero sólo se parte en dos porque es rígida. Si no lo fuera, no se partiría. Ése es el peligro de la rigidez. En cambio, cuando esa espada golpea la plastilina, ésta no se quiebra, sino que simplemente encaja el golpe. La espada representa los reveses que te da la vida. Cuando somos piedra, nos quebrantamos ante ellos. Cuando somos plastilina, nos adaptamos y los encajamos.

Por último, la piedra representa la arrogancia; y la plastilina, la humildad. La piedra no cambia. Y todo aquello que no está predispuesto al cambio, no está predispuesto a la mejora, pero donde no hay mejora, no hay crecimiento. Éstas son las frases que usan las personas-piedra: «Yo soy así»; «Si no te gusta como soy, problema tuyo»; «Siempre he tenido esta creencia y no la voy a cambiar ahora». En el caso de Mónica: «O me convence tu inteligencia en cinco minutos, o descarto todo el resto de virtudes que pudieran enamorarme». Éstas son las frases que usan las personas-plastilina cuando ven una oportunidad de mejora: «Estoy dispuesto a modificar mi forma [de pensar, de ser] anterior por una forma nueva»; «Estoy dispuesto a recibir primero y descartar después, y no al revés»; «Hasta ahora he sido así, pero estoy dispuesto a cambiar y por tanto, a crecer».

La humildad... sana.

Cuando Mónica entendió esto, se dio cuenta de que había sido piedra. Estaba aplicando la rigidez de sus reglas con respecto al chico de sus sueños, y, en consecuencia, se estaba perdiendo incluso a los mejores candidatos. Siendo piedra no conseguía encajar con nadie, ya que las piedras no tienen poder de encaje. Le pedí que empezara a detectar cuáles de sus comportamientos eran propios de la piedra y a imaginar cómo cambiarían si fueran propios de la plastilina. No detectó uno ni dos ni tres... detectó decenas. Y al convertirse en plastilina se adaptó a la nueva situación... y encontró a su Romeo.

No, no era un coche. 😂

48. LA ENFERMEDAD DEL SIGLO XXI

La enfermedad del siglo XXI es... LA SOLEDAD.

Uy... Espera. Eso no es del todo correcto. Falta un pequeño matiz que lo cambia todo.

La soledad no es una enfermedad. La enfermedad del siglo XXI es... la incapacidad de gestionarla.

Poco a poco, la gente se va a ir quedando cada vez más sola. «¿Es esto un problema para mí?», te dices. Depende. Sólo será un problema en la medida en que tengas una dependencia con respecto a la gente o un miedo a no tener una persona o personas con las que compartir espacio y tiempo. ¿Recuerdas el Peldaño 7, «Siempre es miedo»? Siempre que la soledad sea un problema para ti, podrás concluir que detrás hay un miedo no sanado. Te tocará hacer introspección y llevar a cabo el ejercicio de tirar del hilo para identificar el miedo o miedos que te llevan a evitar o temer la soledad, para luego trabajarlos, observarlos y contarlos (confesarlos) una vez tras otra, a fin de, poco a poco, conseguir conquistarlos.

—Anxo, pero hay un estudio de Harvard de más de ochenta años

de duración que dice que las personas con mejores relaciones en sus vidas y con menos soledad son las más felices.

La conclusión de ese estudio es errónea. Su interpretación es que si tienes buenas relaciones y no vives en soledad, vivirás más tiempo y con mayor felicidad, pero realmente es al revés. Las relaciones duraderas no son la causa de tu felicidad, sino el efecto de tu Éxito Interior.

Interpretación errónea: cuando tengo buenas relaciones por fuera, eso me equilibra por dentro.

Interpretación correcta: cuando tengo un buen equilibrio por dentro, eso mejora mis relaciones por fuera.

Por tanto la solución a la enfermedad del siglo XXI no está en llenar tu vida de personas, ya que eso lejos de abordar tus miedos, los perpetúa. La solución no está en cruzar los dedos para que tus hijos no se vayan a vivir muy lejos; no está en suplicar a tu pareja que no te deje; no está en rezar para tener la suerte de no quedarte viudo o viuda. Está en... CURAR tu sensación de dependencia.

La soledad no se cura fuera, añadiendo más personas, sino dentro, encontrando más equilibrio.

Cada vez que, en lugar de intentar encontrar la solución a tu temor a la soledad buscando fuera personas que la eliminen, buscas dentro los motivos que provocan ese miedo, a fin de sanarlo, acabas de dar un paso que es de una enorme repercusión en tu vida: curiosamente, la calidad de tus relaciones se dispara. ¿Por qué? Porque es infinitamente más fácil relacionarse con una persona que está sana por dentro y con equilibrio, esto es, que vive desde la Bolsa Blanca (el amor), que con una persona que afronta la relación para satisfacer una necesidad insana de dependencia, esto es, desde la Bolsa Negra (el miedo).

Sólo cuando halles el equilibrio interno que te permita estar perfectamente a gusto contigo mismo podrás afrontar las relaciones de la forma más sana posible. Cuando alcances ese punto, estarás en posición de, ahora sí, aplicarte este precioso principio:

#88PeldañosGenteFeliz
Regala tu tiempo a aquellos con el poder de detenerlo.
@Anxo

49. ¿CAMPO DE FLORES O CAMPO DE MINAS?

Desaprobar a alguien y esperar caerle bien es como lanzar sal al suelo y esperar que broten fuentes.

Hay un grupo de personas del que nuestra parte consciente nos dice «quiero más» —más tiempo, más cercanía, más reciprocidad. Y hay otro del que nos dice «quiero menos». De los segundos nos alejamos, y a los primeros nos acercamos. Sin embargo, hay muchos de los que nos alejamos directamente sin que la parte consciente nos diga nada, ya que al no ser consciente, no puede saber qué quiere y qué no. En estos casos, el subconsciente es el que toma la decisión de poner distancia sin nuestro permiso, dado que la mayor parte de las decisiones no las tomamos con la parte consciente, sino con la no consciente. Nos alejamos de ellos, pero no sabemos por qué. ¿Cómo averiguarlo? Simplemente, parando y formulando este tipo de preguntas: ¿hay gente que subconscientemente evito?, ¿quiénes son las personas que más me tensionan cuando estoy en su presencia?, ¿por qué tienen este efecto en mí? Y al responder a este tipo de preguntas, estamos haciendo un trasvase de la parte inconsciente a la consciente. Cuando este proceso se realiza adecuadamente, se llega a esta conclusión: la mera presencia de las personas hacia las que gravitamos más representa un campo de flores, y la de aquellas hacia las que gravitamos menos, representa un campo de minas.

¿Qué significa esto?

- **Campo de flores** significa entorno amigo. Sabes que te puedes dejar caer sobre él y entregar a él con la certeza de que te envolverá y te acogerá, transmitiéndote la sensación de «aquí estás a salvo». Es agradable, placentero, te da confianza para ser libre y para ser quien tú eres, y como resultado te sientes abrazado y aceptado. La conclusión sobre el campo de flores es que es TERRENO SEGURO.
- **Campo de minas** significa entorno enemigo. Percibes rechazo a quien tú eres, y por tanto, su presencia te genera tensión. No sientes protección para actuar con libertad y en consecuencia, tu comportamiento está articulado no desde la espontaneidad, sino desde el miedo. La conclusión sobre el campo de minas es que es terreno hostil, o sea, TERRENO NO SEGURO.

Lo sorprendente de este entorno es que suele ser más prevalente entre la gente que más te quiere, ya que las minas son bombas que ellos detonan para que no pises en ciertos sitios que ellos consideran un peligro, sin darse cuenta de que su mina acaba siendo más peligrosa que tu terreno. Buscan protegerte, pero en realidad consiguen alejarte.

Ahora viene lo importante. Todas las diferencias entre las personas que representan el campo de flores y las que representan el campo de minas pueden reducirse a una única palabra. Yo todavía recuerdo el día que descubrí que esa palabra encerraba la llave que abría la compuerta a un campo o al otro, ya que es la que determina que alguien tenga una presencia amigable u hostil. Ese día se disparó mi consciencia sobre ella y, por tanto, mi aprendizaje. Y desde entonces llevo dentro de mí un detector de metales, pero que, en lugar de detectar metal, detecta su presencia. La palabra es... **desaprobación**.

Alguien te dice algo y tú estás distraído. «Estoy hablando para las paredes», te espeta. ***Desaprobación.***

Un pariente te recomienda llevar chaqueta para ir a la fiesta de esta noche. No lo haces, y al día siguiente te duele la garganta. «Nunca escuchas ningún consejo», te recrimina. ***Desaprobación.***

Tienes un día de locos, y por fin consigues devolver la llamada de un amigo. «Te llamé tres veces», es lo primero que te dice. El tono molesto y de reproche que hay detrás es sutil, pero ambos sabéis que está ahí. ***Desaprobación.***

Sientes que tu comportamiento es desaprobado, y sentir desaprobación es sinónimo de sentir en cierto modo un rechazo, a veces grande, a veces diminuto, pero siempre perceptible.

Prepárate para el ladrillazo final. Quizá has pensado que el propósito de este Peldaño era ver cuántas personas en tu vida representan un campo u otro. Lamento defraudarte. Su propósito no era ver cuántas veces te encuentras ante un campo de flores, sino cuántas TÚ eres un campo de minas. Dado que este libro trata no sobre el Éxito Interior de otros, sino sobre el tuyo, el tipo de campo que la presencia de otros represente es responsabilidad de ellos. Este libro se centra en la introspección, en cómo mejorar el universo exterior simplemente con la mejora del interior. Por tanto te invito a elevar tu nivel de consciencia activando desde este momento tu detector de metales, sólo que, en lugar de que la alerta se dispare detonando una alarma exterior ante el metal, se dispare detonando una alarma interior ante tu desaprobación.

Sólo con que seas consciente de ella, desactivarás más minas y plantarás más flores.

#88PeldañosGenteFeliz
Callarse una desaprobación requiere más esfuerzo
que emitir mil juicios.
@Anxo

50. CÓMO DESARMAR A CUALQUIER PERSONA EN UN SEGUNDO

Anxo, ¿tendrías alguna herramienta para implementar esos campos de flores del Peldaño anterior?

—«Guat du yu zinc»? 😉

Si has conseguido eliminar la desaprobación de tu vida, entonces has conseguido dejar de plantar campos de minas. Lo que estoy a punto de contarte ahora es una de las mejores herramientas que conozco para empezar a plantar campos de flores, y con ella verás que el efecto será el de desarmar a cualquier persona en menos de un segundo.

La herramienta es: pedir perdón cuando no es necesario.

—Hmmm... curioso. ¿Y si no soy culpable de nada?

Por eso dije «cuando no es necesario». En realidad, ser culpable de algo o no es algo irrelevante. No es una cuestión de culpabilidad, sino de cómo crear un entorno seguro. Cada vez que pides perdón a alguien, estarás dándole tres mensajes: 1) voy en son de **paz**; 2) busco que haya **armonía** entre nosotros;

y 3) me esfuerzo por no ser una persona arrogante, sino **humilde**.

La paz equivale a bienestar y tranquilidad, la armonía es un bálsamo anti-tensiones, y la humildad genera confiabilidad.

Le regalas un campo de flores a tu compañera de clase diciéndole esto:

—Oye, perdóname por no haberte saludado ayer cuando te vi en el campus. Llegaba tardísimo a un examen.

Y ella, tras despedirse, se va pensando esto otro:

—Qué amable es, que me menciona algo de lo que ni me acordaba.

Le regalas un campo de flores a tu empleado diciéndole esto:

—Perdóname por mi contestación del lunes. Creo que me superó el estrés.

Él recuerda tus palabras durante la comida:

—Dice mucho de mi jefe que se disculpe por algo que ni me había ofendido.

—Anxo, ¿entonces el objetivo de pedir disculpas es para que me piropeen internamente?

Por supuesto que no. Lo importante no es que provoques un piropo, sino que generes armonía. El piropo se centra en el beneficio para ti. La armonía se centra en el beneficio para los demás. Si te lleva un segundo pedir disculpas, entonces te lleva un segundo desarmar a una persona que podría venir en son de guerra (o no) para hacer que de repente venga en son de paz, o convertir un ambiente tensionado que no es seguro en un ambiente relajado que sí lo es. Y si no hubiera tensión previa, no resolverá la situación anterior, pero sí mejorará la actual. La herramienta es óptima para usar con personas que estén a tu mismo nivel e idónea para usar con personas sobre las que tienes ascendente, como tus hijos, tus alumnos o tus empleados. Muchas veces, la jerarquía genera temores, y un «te pido perdón» o un «disculpa si...» es la forma más inmediata de eliminarlos, sobre todo cuando el que está en una posición de poder eres tú.

¿Te imaginas que cada vez que quisieras crear un ambiente tranquilo, tanto si ya estaba tenso como si no, en cualquier sitio (en la oficina, con la familia, en la universidad) existiera un botón que la gente pudiera pulsar para crearlo? ¿Crees que la gente lo pulsaría? El botón ya existe, y no es otro que la frase estrella de este Peldaño. Si la gente no lo usa es por dos motivos: por desconocimiento y por no haberse tomado la molestia de probarlo para comprobar que funciona. De lo primero me acabo de encargar yo. De lo segundo, te emplazo a que te encargues tú. 😉

#88PeldañosGenteFeliz
Pide disculpas aunque no hayas cometido ningún error.
Es más importante tener armonía que tener razón.
@Anxo

51. LA UÑA DEL DEDO MEÑIQUE

Cuando pienso en todos los países y lugares donde he residido y en todos los trabajos que he tenido, siempre digo que he vivido 14 vidas, dado lo variopinto que ha sido todo. Una de esas 14 es un episodio que hasta ahora nunca había compartido públicamente. Sucedió durante unos meses que pasé en Galicia, en lo que quizá fue mi período más bohemio y artístico. Combinaba trabajos de intérprete (traductor simultáneo) con otros como músico y actor, dando conciertos tanto de música original como versionada y asistiendo a *castings* para, de vez en cuando, conseguir algún papel en algún anuncio publicitario o película, normalmente de bajo presupuesto. Uno de estos múltiples trabajos consistía en realizar actuaciones de forma regular en un enorme restaurante que contaba con un gran escenario habilitado para ello. El restaurante estaba en la otra punta de Galicia, por lo que cada fin de semana, tenía que desplazarme en mi propio coche a más de dos horas de distancia. Es cierto que el viaje a veces se hacía un poco pesado, pero por supuesto, no iba a permitir que ese tiempo se convirtiera en dos horas desperdiciadas, por lo que siempre aprovechaba para «cenar con un genio» (en el Peldaño

76 de *La Inteligencia del Éxito* explicaba que los genios ya no son inalcanzables porque nos hablan constantemente por internet, si estamos dispuestos a escucharlos), oyendo audios de temas de enorme interés que yo mismo había investigado y preparado antes de la salida.

La historia que te voy a contar sucedió durante uno de esos viajes. De ella extraje tres lecciones que por supuesto también compartiré.

La primera lección es: nunca permitas que la falta de dinero ponga en riesgo tu seguridad. Escatima en otras cosas, pero no en seguridad. Yo rompí esa regla. Mi economía era tan precaria que decidí que no podía permitirme pagar el coste de tomar la autopista. ¿Y qué sucedió? Tomé la carretera nacional, que es mucho más peligrosa, y en una curva mi coche hizo *aquaplaning*. Di una vuelta de campana y me quedé a unos metros de estrellarme contra el muro de una casa, algo que probablemente habría significado que tú no pudieras estar leyendo este libro ahora.

La segunda lección fue ésta:

---

los accidentes salvan vidas.

(Obviamente me refiero a los accidentes no mortales.) Si nos dieran a elegir entre tener un accidente no letal y no tenerlo, todos elegiríamos lo segundo, y sin embargo, lo primero es lo que puede salvarnos la vida.

¿Un accidente te puede salvar la vida?

Por supuesto. Imagínate que es fin de año. Te pones al volante de forma temeraria e imprudente, pero por suerte no te sucede nada (en realidad no es buena suerte, sino mala; ahora verás por qué). Tú no le pierdes el miedo a las temeridades, y como consecuencia, éstas van en aumento. En una de tantas, en febrero, sufres un accidente y sucede lo peor.

Ahora imagínate que el uno de enero sí hubieras sufrido un

pequeño accidente. Fruto de ello te entra el miedo en el cuerpo, se dispara tu nivel de consciencia y por tanto también el de prudencia y, como resultado, el accidente que hubiera puesto fin a tu vida en febrero nunca se da. ¿Conclusión? Los accidentes salvan vidas. ¿Me salvó la vida a mí aquel episodio? Puede ser. De momento nunca he vuelto a tener ninguno y estoy seguro de que mi aumento de la prudencia después de aquel aviso ha ayudado.

Y la última lección, y la más importante... Tras el accidente, mi coche quedó destrozado. Por supuesto, no tenía seguro a todo riesgo, y me pasé las 48 horas posteriores lamentando lo terrible que iba a ser tener que pagar los altos costes de arreglarlo. Afortunadamente, pasado ese tiempo me di cuenta del error que estaba cometiendo al centrarme en lamentar el dinero en lugar de en celebrar mi salud. Acababa de renacer y sin embargo yo no conseguía ser consciente de ello por estar demasiado ocupado afligiéndome por el estado de un simple coche. «Anxo, ¿qué estás haciendo? Cuando acabes de efectuar todos los pagos que te va a costar reparar el coche, tardarás tan sólo un par de meses en olvidar ese hecho», me espetó mi voz interior, la buena. «Si el accidente te hubiera hecho perder *tan sólo la uña del dedo meñique*, ¿sabes cuánto tardarías en dejar de lamentarlo? El resto de tu vida».

#88PeldañosGenteFeliz
No permitas que un motivo para estar triste te arruine
mil para estar feliz.
@Anxo

52. NUNCA HEMOS ESTADO TAN BIEN

¿Cuál es el ingrediente número uno de la felicidad? El optimismo. ¿Y qué es lo que más nos inyecta el mundo? Justo lo contrario.

El optimismo vende mucho menos, pero deberíamos comprarlo mucho más.

Este Peldaño se centra en combatir el pesimismo, al menos ese que los medios de comunicación se empeñan en que flote en el aire dondequiera que vayamos.

Te voy a realizar una pregunta, y si lees la prensa, lo normal es que la falles.

¿Cuál es el período de la historia en el que... menos hambre se ha pasado, mejor salud se ha tenido, menos analfabetismo se ha registrado, menos guerras ha habido, y por último, mayores índices de felicidad se han alcanzado?

Respuesta: sorprendentemente... ¡AHORA!

—*Anxo, ¿cómo puedes decir algo así? ¿No has visto las noticias últimamente?*

Curiosamente no las he visto porque no tengo televisor (nunca he tenido), pero tranquilo, soy consciente de que la inmensa mayoría de las noticias son no malas, sino terribles. El motivo que lo explica es sencillo: lo negativo vende. Imagina por un momento un titular que dijera: «Últimas noticias: en el día de ayer más de siete mil millones de personas no se han suicidado». O bien este otro: «Ningún avión de los últimos 10.000 vuelos se ha estrellado». ¿Quién compraría algo así? Por eso, cuando hay millones de vuelos seguros, nadie los menciona, y en cuanto se cae uno, nadie deja de hacerlo. El problema no es que se exagere lo malo, sino que nosotros generalicemos su impacto, confundiendo PERCEPCIÓN con REALIDAD. Uno de los premios Nobel por el que más respeto tengo, Daniel Kahneman, escribió sobre este fenómeno y lo denominó «heurística de la disponibilidad». Lo que viene a decir es que agrandamos aquello que escuchamos más (por estar más disponible, más cercano), y encogemos aquello que escuchamos menos. Por ejemplo, si el terrorismo descendiera a mínimos históricos y en la última década se hubiera producido un único ataque terrorista de gran escala, al preguntar unos días después a varias personas al azar por la calle «¿en qué momento de la historia ha sido más grave el problema del terrorismo?», lo más probable es que la mayoría respondiera erróneamente «ahora». Ése es el peligro de generalizar en torno a una excepción.

Por tanto, la enseñanza de este Peldaño es la siguiente. A partir de ahora, antes de apresurarte a ser alarmista y pesimista y concluir que cierto hecho indica que estamos ante un problema muy grave, formúlate esta pregunta: ese hecho, ¿es REPRESENTATIVO o AISLADO? Y entiende que, para que pueda ser clasificado como REPRESENTATIVO, debe ser parte de una cadena de hechos o indicios previos. Cuando sea AISLADO, podrá ser terrible, pero es una excepción, así que ahórrate el pesimismo. Si descubres a tu hijo adolescente con un cigarrillo, haz algo al respecto, pero no concluyas que es drogadicto. Si un *hater* echa tu trabajo por tierra en las redes sociales, contrástalo con cuántos lo aplauden. Si un político roba, no concluyas que ninguno es honesto. Si tu país sufre un atentado, concluye que es algo grave, pero no que el mundo ya nunca volverá a ser seguro. Si un tsunami arrasa una ciudad entera en la otra parte del mundo, manda un donativo, pero no determines que los desastres naturales van a poner fin al mundo. ¿Por qué? Porque todos son hechos aislados y no representativos de tu conclusión. ¿Te imaginas concluir que si hoy es un día negro, entonces todo el año también, o peor, que si hoy hay la más destructiva de las tormentas significa que ya nunca hará sol?

#88PeldañosGenteFeliz
No arrases todo un jardín cuando lo único que está marchito es una sola flor.
@Anxo

53. ¿ERES SOL O VIENTO?

Ni el mar más hondo, ni el pico más alto, ni el paisaje más hermoso podrá superar la belleza de un pequeño corazón lleno de una gran bondad.

Durante mi estancia en Ohio, en EE. UU., siendo todavía un adolescente, tuve dos familias de acogida. La segunda es la protagonista del Peldaño 10 de *La Inteligencia del Éxito* —y si no lo has leído, te recomiendo que lo hagas, ya que es mi segundo Peldaño favorito de ese libro (el primero es el 88)—. Esa familia era adorable y ahora verás por qué. La primera no lo era tanto. Pero antes de hablarte de ambas, he de contarte una historia absolutamente maravillosa. Su autor la creó hace 2.600 años. No fue otro que Esopo.

Un día, el viento se acercó al Sol presumiendo de que nadie era tan poderoso como él.

—La lluvia cae con menos fuerza, la nieve apenas hace ruido y hasta los terremotos difícilmente consiguen sacudir el aire, pero YO... YO... YO soy capaz de crear torbellinos y tornados —alardeó el viento—. Y con ellos puedo conseguir cosas con las que ni siquiera tú, con todo tu esplendor, podrías soñar.

—Qué interesante —contestó el Sol evitando el juicio—. Te propongo un reto. ¿Ves aquel hombre que va caminando por ese sendero? Quien consiga retirarle su abrigo y su gorro, será el más fuerte.

El viento sopló y sopló; de la derecha, de la izquierda, por arriba, desde abajo, pero cuanto más fuerte soplaba el viento, más fuerte se agarraba el hombre a ambas prendas. ¿Qué hizo el Sol? Simplemente le regaló su sonrisa haciendo brillar su luz y su calor, y con ello consiguió que el hombre se desprendiera del sombrero y la gabardina voluntariamente.

Antes de contarte la siguiente historia, si denomino a la primera familia como la Familia Viento y a la segunda como la Familia Sol, seguro que ya te vas haciendo una idea de por qué.

Cuando llegué a casa de la Familia Viento me pidieron que cada vez que me duchara, me secara dentro de la ducha, ya que si lo hacía fuera, el agua que caía sobre la toalla de pies humedecería el suelo y podría dañarlo (según ellos). Yo, temeroso de poder defraudarlos, por supuesto sólo deseaba cumplir con lo que me habían pedido, pero había un problema: los hábitos no se cambian de un día para otro. El primer día hice lo que me pidieron, el segundo y el tercero también, pero era obvio que más tarde o más temprano en algún momento me olvidaría, y eso sucedió al cuarto. Al volver del colegio, ambos padres estaban con los brazos cruzados esperándome, listos para descargar conmigo toda su frustración. Me sentí TAN miserable.

Unas semanas más tarde, una especie de inspectora determinó que la familia no era apta para alojar a un estudiante de acogida en su casa y me trasladé a la casa de la Familia Sol. ¡Todo su hogar era luz! Pero lo que más les hacía brillar era su forma de ser y de tratar a las personas. Ojalá tuviera un Peldaño entero sólo para describirlos y contarte todo lo que aprendí con ellos. Al igual que la primera familia, ellos también tenían sus reglas, y el día que tocó lavar ropa me pidieron que por favor no pusiera en el cesto mis calcetines del revés, ya que si no, luego había que hacer doble trabajo para ponerlos del derecho una vez lavados. Yo, por supuesto, de nuevo tenía toda la intención de complacerlos, y de hecho acabé habituándome a ello. El problema fue que antes del éxito hubo varios fracasos. Conté cinco.

Cuando fallé la segunda vez, la mamá me dijo esto, que resultó ser exactamente lo mismo que la primera: «Cuando pongas tus calcetines en el cesto, ¿te importaría ponerlos del derecho?». Yo, al darme cuenta de que no era la primera vez, respondí con una falsa confianza un «sí, claro», mientras sentía cómo todo mi cuerpo se sonrojaba al unísono. Ahora viene lo importante. ¿Sabes qué me dijo la tercera, la cuarta y la quinta vez? Esta frase: «Cuando pongas tus calcetines en el cesto, ¿te importaría ponerlos del derecho?». ¡No cambió una sola palabra y no alteró lo más mínimo su tono! El nivel de frustración con el que me lo dijo la primera vez era cero, y el de la quinta... ¡TAMBIÉN! Yo... no daba crédito. Nunca volví a equivocarme.

Paciencia, bondad, amabilidad, moderación, pero sobre todo amor. Tanto transmitido con tan poco. Ella había hecho brillar su sol en lugar de soplar su viento, y con ello no me había dado una lección sin trascendencia sobre cómo doblar calcetines, sino una lección inolvidable sobre cómo vivir mi vida.

#88PeldañosGenteFeliz
Se consigue más con un kilogramo de amor que con una tonelada de ira.
@Anxo

54. TENER - HACER - SER

PROHIBIDO seguir leyendo sin hacer este ejercicio. Vas a QUEDAR EN *SHOCK* con sus resultados. (Obviamente sólo si te lo tomas en serio.)

EJERCICIO. Anota aquí tus respuestas a esta pregunta: si tuvieras que enumerar, sin pensar, las tres cosas que mejor te definen, ¿cuáles elegirías?

1. ______________________________

2. ______________________________

3. ______________________________

Si las has escrito, ya puedes seguir leyendo. El ejercicio se explica al final del Peldaño.

Existen tres dimensiones o frecuencias desde las que afrontar la vida: desde el TENER, desde el HACER y desde el SER. La dimensión del tener es propia de Belts inferiores; la del HACER, de Belts intermedios; y la del SER, de Belts avanzados.

Yo reconozco que nunca he llegado a vivir en el TENER, pero también que durante la mayor parte de mi vida he sido incapaz de alcanzar la dimensión del SER. Vivía casi siempre desde el HACER, por supuesto sin saber ni qué era eso. A día de hoy empiezo a trascender el HACER y a adentrarme en el SER, pero, por supuesto, todavía me queda mucho y... me da luz admitirlo.

Cuando vives en el TENER, tu foco está en qué posees y cómo aumentar aquello que posees. Vives desde el miedo, en estado de protección y alejado del presente, ya que el foco está en cómo no perder aquello con lo que cuentas —normalmente bienes materiales—, cómo protegerlo y cómo protegerte a ti; y vives en estados mentales como éstos: «Ojalá el futuro no sea duro» (temor), ya que «voy a sufrir mucho si pierdo lo que hoy tengo». Consideras erróneamente que tus preocupaciones desaparecerán tras alcanzar tus ambiciones, sin darte cuenta de que, cuando alcanzas tus objetivos desde el TENER, no conquistas las cosas que te causan intranquilidad, sino que sólo las reemplazas por otras. ¿Cuál es el miedo subyacente? Necesito tener más... para no sentirme menos.

Cuando vives en el HACER, aprendes que la acumulación de bienes materiales más allá de los básicos es una variable menor en tu ecuación de la felicidad. ¿Dónde está el problema entonces? En que reemplazas el TENER por el HACER. Equiparas el HACER con una sensación de éxito exterior que... gusta. Sentirse productivo da placer. Pasar horas en la oficina y poder justificarlo con «genero valor» da placer. Sentirse validado porque «ayer hice mucho» y «hoy dormí poco» da placer. Cuando vives desde el HACER, te ocupas. Mucho. Eres una persona ajetreada, que se para poco en el presente, ya que siempre tiene una misión «muy importante» que atender en el futuro. ¿Cuál es el miedo subyacente? Si no consigo hacer mucho, es que... valgo poco.

Cuando alcanzas el SER, simplemente... eres. Ya no hay que tener muchas cosas para no sentirse inseguro, ya no hay que hacer mucho para sentirse validado, ya no hay que impresionar a nadie, ya que el ser es perfecto tal y como es. Cuando simplemente eres, puedes conquistar la impaciencia, ya que vives en el presente, y esto te permite controlar tus miedos, dado que todos parten del pasado y se proyectan hacia el futuro, esto es, todo lo que no está presente. Sólo el SER puede disfrutar del aquí y ahora; y, al hacerlo, se elimina la prisa, la angustia, la necesidad de hacer para demostrar y de tener para no quedar atrás. Cuando se vive desde el simplemente SER, se empieza a eliminar el sufrimiento y a conquistar la paz.

¿Listo para las respuestas del ejercicio?

Analiza estas respuestas de ejemplo.

«Me defino como una persona que ha ***conseguido tener*** *muchas* ***propiedades*** *por el bien de su familia. De hecho aspiro a* ***dejar un piso como herencia*** *para cada uno de mis hijos».* Todas las respuestas que hayas dado por esta línea, son respuestas desde el TENER.

«Estoy orgulloso de ***haber creado*** *una empresa de éxito, de* ***haber estudiado*** *mucho y* ***de haber trabajado y luchado*** *para hacer de mí una persona de provecho».* Este tipo de respuestas proceden desde el HACER.

«Me defino como una persona que ***es*** *de trato fácil,* ***tranquila****, de* ***buen humor*** *y a la que le gusta mucho* ***pasar tiempo*** *con su familia y sus amigos».* Este tipo de respuestas proceden desde el SER.

Vuelve atrás y ponle a cada una de tus respuestas una puntuación. Cero puntos si es una respuesta que surge desde el TENER. Un punto si surge desde el HACER. Tres puntos si surge desde el SER. Y suma tus puntos. Si tu total es igual a cero, cásate con este libro y reléelo una y otra vez hasta que sientas que tú vas evolucionando y que la puntuación de tus respuestas se va acercando al límite superior: los nueve puntos máximos.

Te recomiendo que hagas este test con la gente de tu entorno y observes sus puntuaciones y las compares con cuánta luz te transmiten. Verás que ambas están perfectamente correlacionadas: puntuación alta = mucha luz.

#88PeldañosGenteFeliz
La vida es una obra de teatro. Muchos ponen el foco en TENER el decorado, algunos en HACER la obra, y tan sólo unos pocos en SER los protagonistas.
@Anxo

55. LA TEORÍA DE LA SAL

¿Qué preferirías? ¿Ser una persona perfectamente autosuficiente que no necesita apoyarse en nadie o ser una persona que tiene que apoyarse en otros para cubrir algunas necesidades (externas)? Casi todos elegiríamos lo primero, y sin embargo hay mucha más felicidad en lo segundo. Estamos ante otra de las grandes paradojas del ser humano. Queremos un aumento de felicidad, pero elegimos los caminos que, en lugar de aumentarla, la reducen. ¿En qué me baso para afirmar el principio anterior? En esta máxima:

#88PeldañosGenteFeliz
La autosuficiencia aísla. La necesidad cohesiona.
@Anxo

Cuando eres autosuficiente y no tienes necesidad de apoyarte en los demás, esto conduce al aislamiento, mientras que, cuando necesitas de su ayuda, incluso con asuntos menores, esto te conecta con la gente. Es lo que yo llamo la «teoría de la sal».

MeValgoSolo es un señor de expresión seria, poco amigable, arisco y ermitaño. Vive en la planta cuatro del edificio. PidoAyuda es un hombre viudo, papá de una hija adolescente, muy sociable y tremendamente despistado. Vive en la quinta planta. Cada vez que le hace falta sal, sin pensarlo dos veces, llama a la puerta del primer vecino que le cuadra, suelta una carcajada genuina y saluda con un: «Soy el despistado del quinto». Ambos se ríen; a sus vecinos les agrada la sorpresa y todos acaban regalándole más sal de la que él necesita. MeValgoSolo intenta que nunca le falte de nada para no tener que pedir nada a nadie. No por deferencia hacia sus vecinos, sino para evitar tener que ser sociable. El día que ve que le falta sal, se enfada mucho consigo mismo, pero por supuesto, nunca se permite tener que tragarse su orgullo y acudir a un vecino a pedírsela.

Ahora viene lo interesante. ¿Sabes con quién se fueron de vacaciones PidoAyuda y su hija adolescente? Con un grupo divertidísimo y aventurero que le presentó la familia del tercer piso. ¿Sabes quién ayudó a su hija a superar la muerte de su madre? El hijo del vecino del segundo que tiene exactamente su misma edad. ¿Sabes con quién acaba de montar un negocio que le va estupendamente? Con otro papá del primero que también es informático como él. Y la pregunta más importante. ¿Sabes cómo los conoció? Gracias a que le faltaba algo tan insignificante como la sal.

No sé si te has parado a pensar en el jeroglífico tan interesante que hay detrás de esta historia. Cuando PidoAyuda llama a la puerta de un vecino, el objetivo no es ni irse de vacaciones con él, ni conocer al chico que puede acabar salvando la vida de su hija. El objetivo es tan sólo un puñado de sal. Es decir, que lo que SÍ ES EL OBJETIVO es algo completamente intrascendente; y sin embargo, lo que NO ES EL OBJETIVO es de una importancia colosal. La paradoja está en que no obtendría el beneficio mayor, si no tuviese la necesidad menor.

Esta teoría pone patas arriba todo nuestro concepto de las necesidades. Trabajamos a diario para eliminarlas, y sin embargo deberíamos verlas completamente al contrario. No deberíamos tomarlas como fuente de preocupación, sino de realización. A veces, la menor de las necesidades puede ser la mejor de las excusas para reconectar con alguien con quien luego construir el mayor de los proyectos.

Las necesidades de las personas constituyen una de las mayores paradojas. Es ilógico buscarlas, pero sin embargo es tan importante tenerlas, que sin ellas nos perderíamos la mayor de las satisfacciones: la satisfacción de saciarlas.

Aprende de PidoAyuda... y pídela.

56. ¿TE GUSTA EL VENENO?

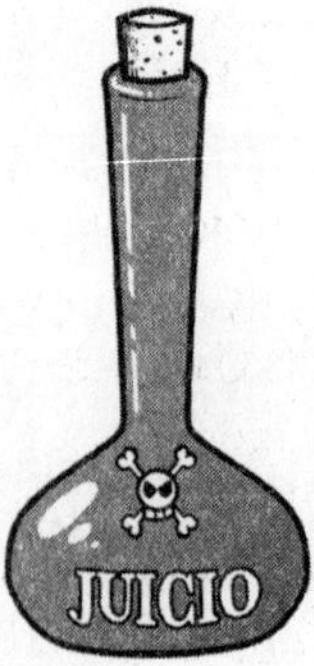

Pues entonces no lo tomes.

Este Peldaño se centrará en uno de los venenos que por un lado es de los más nocivos, y por otro, de los más tomados. Es el veneno del JUICIO: *Fulanito es un X (adjetivo negativo), fulanita es una X (sustantivo negativo).* Son etiquetas despectivas que clasifican a las personas. El veneno parte de la siguiente premisa: cada vez que enjuiciamos a alguien, contaminamos nuestra alma.

Enjuiciar a otro es como prenderte fuego tú y esperar que el que se queme sea él.

Si haces memoria de alguno de los peores recuerdos de tu infancia, lo más probable es que no haya sido cuando otros niños te han insultado ni cuando alguno te pueda haber incluso pegado. Lo más doloroso es que te hayan hecho el vacío; ser excluido deliberadamente y sentir la ansiedad de quedarte fuera, aislado. Ése es justo el gran daño del enjuiciamiento. Crea dos grupos, que además están enfrentados: el «nosotros» y el «ellos». Y lo peor es que el «ellos» sólo se compone de una persona: tú. Pero no acaba ahí. Por supuesto, el «nosotros» representa a los buenos. Y tú representas a los malos. La división ni siquiera es moderada, sino que es polarizada. A los buenos se les lleva al extremo de la glorificación, y a los malos al de la demonización. De los dos planos que crea, nosotros estamos en el superior y tú en el inferior. Y todo esto desemboca en algo terrible: la deshumanización, ya que enjuiciarte es sinónimo de deshumanizarte.

Lo peligroso y contradictorio del enjuiciamiento es que se produce desde un plano superior que es completamente falso. Ni uno solo de los enjuiciadores es menos «pecador» que el enjuiciado. Sólo una autoridad está en posición de condenar, y sólo la perfección concede autoridad. Conclusión, si todos somos imperfectos, ninguno está dotado de autoridad para enjuiciar a otro. ¿Por qué lo hacemos entonces? Porque somos víctimas de este terrible sesgo: el mayor prejuicio del ser humano es juzgar a otros por sus acciones y a sí mismos por sus intenciones. «Tu acción es condenable; mi intención, justificable». Falso. Y hoy es el día en que te pido que eleves tu nivel de consciencia sobre este hecho para desterrar el juicio de tu vida.

La gente no es «mala persona», no es «tóxica» y ninguna de sus acciones o formas de ser te da derecho a someter su dignidad con frases como «me cae mal» o «es una persona inaguantable». Son frases que deberías tomar la decisión deliberada de prohibir a tu mente y hoy es el día para tomar esa decisión, ya que esas frases deshumanizan. Imagínate a otros usándolas contra ti para pararte a sentir el dolor que sentirías tú, ya que no es diferente del que sienten los otros. Esa misma persona que tu mente ha deshumanizado quizá sea la misma que esta noche acueste a sus hijos con todo el amor del mundo y sea un héroe para ellos.

—*Anxo, entonces, ¿tengo que dar mi tiempo a toda la gente a la que no quiera dárselo?*

Por supuesto que no. Tienes toda la libertad y todo el derecho del mundo para decidir a qué personas darles más y a cuáles darles menos. Eso se llama preferencia, y es tu derecho sagrado. Alguien hace algo que te desagrada y tú puedes *preferir* alejarte de esa persona (pero haciéndolo desde la Bolsa Blanca, sin agitación interior). El peligro está cuando convertimos una preferencia en un juicio. Si vas a condenar algo, condena el acto, no a la persona. Eso evitará que la deshumanices. ¿Sabes qué tienen en común las personas de mi entorno con un Éxito Interior alto? Nunca he escuchado a ninguna de ellas emitir un juicio sobre nadie. Tú deberías adoptar el mismo compromiso.

Usa este pequeño truco a partir de ahora. Cada vez que estés con un grupo de personas en un corro y alguien del grupo se vaya, sé el primero en decir algo positivo de él o ella. Que el primer comentario sea positivo, determina que los sucesivos también lo sean y viceversa. Y verás que con ello fomentas la eliminación del juicio, y no sólo en tu mente, sino también en la de los demás.

Y no temas llevarlo un paso más allá.

#88PeldañosGenteFeliz
La mejor forma de eliminar el juicio no es no expresándolo. Es no sintiéndolo.
@Anxo

57. APRENDE A RECIBIR

Quiérete y recibe.

Cuando te den un elogio, no tienes que agacharte a atarte los zapatos, no tienes que emitir una risa nerviosa, no tienes que buscar cambiar de tema, no tienes que devolver compulsivamente el piropo, no tienes que hacer una broma, no tienes que buscar una forma creativa de rechazarlo, y no tienes que decir «no es cierto». Sólo debes hacer dos cosas: sonreír y decir gracias.

¿Y cuando alguien quiera hacer algo por ti que sabes que surge de un deseo auténtico por regalarte su ayuda? Exactamente igual.

#88PeldañosGenteFeliz
Muchos regalos no son para satisfacer al que los recibe, sino al que los da, y su importancia es aún mayor.
@Anxo

Pero por algún extraño motivo, a la mayoría nos cuesta mucho recibir. De hecho, nos resulta más fácil dar que recibir. En realidad lo de «extraño» es retórico, ya que de extraño no tiene nada. Te explicaré el motivo formulándote la siguiente pregunta...

¿Te quieres lo suficiente?

Si no tienes ningún problema en recibir, la respuesta puede ser sí. Como casi todos tenemos áreas en las que todavía nos cuesta, la respuesta es no. Cuando algo te impide recibir con libertad, es porque existe un bloqueo. Ese bloqueo es una creencia que en el fondo te hace sentir no merecedor de ese regalo que la vida te está dando en forma de ayuda o cumplido. Pero sentirse no merecedor es no amarse del todo. ¡Por supuesto que eres merecedor! Y reconocerlo es ganarle otra pequeña batalla al ego, ya que el ego es el único que se beneficia de que tú te digas lo contrario. Por tanto, aprender a recibir es aprender a amarse un poquito más. Sin embargo, éste es sólo uno de los dos beneficios. Es el que te afecta de forma directa a ti. Pero existe el segundo, que es el que afecta de forma directa al otro.

Cada regalo que alguien te da surge de un cariño que ese alguien te tiene. Cada vez que no lo aceptas con los brazos abiertos, estás rechazando el regalo. El ladrillazo está en entender que rechazar el regalo es rechazar el cariño. Que lo dicho sea percibido como un regalo o como una tontería depende no de cómo el otro lo dé, sino de cómo tú lo recibas. ¿Por qué? Porque el grado de disfrute de él es proporcional al grado de disfrute tuyo. Y esto requiere no sólo que tú lo disfrutes, sino también que él lo sepa.

Éstas son las palabras que pasarán por su mente sin que él llegue a saberlo (conscientemente). Cuando perciba que lo recibes bien, dirá: «Dar ese elogio ha sido una buena idea, y por tanto me siento bien». Cuando no, dirá justo lo contrario.

Siempre pensamos que teníamos que trabajar nuestra capacidad de dar, sin darnos cuenta de que nuestra asignatura pendiente era nuestra capacidad de recibir.

Cuando alguien quiera hacer algo por ti, concédele el placer de dar. ¿Cómo? Concediéndote a ti el placer de recibir.

58. CÓMO SACAR VALOR DE LA SENSACIÓN DE IMPOTENCIA

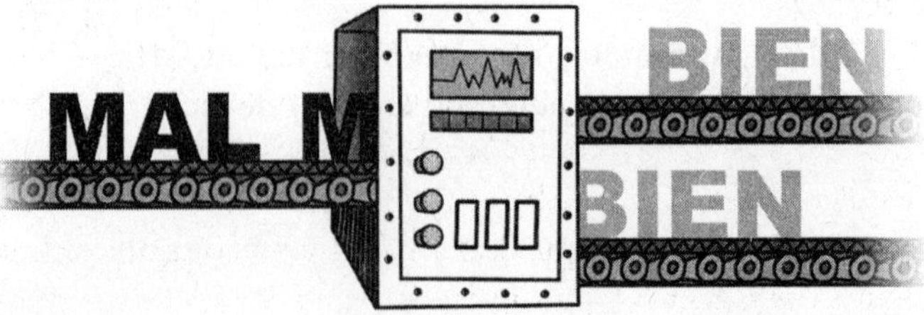

La frustración, bien usada, es el mayor de los motivadores.

Cuando trabajaba de intérprete (traductor simultáneo), tenía una compañera que me contó una práctica que ella usaba y que a mí me cautivó. Dado que los congresos en los que interpretábamos sólo tenían lugar de vez en cuando, nuestros días de trabajo eran reducidos. Como todos deseábamos trabajar el mayor número de días posible, lo que esta compañera hacía cada uno de los días que tenía trabajo era agradecerlo compartiendo una parte de su dinero con la persona que se encontrase a lo largo de la jornada con mayor necesidad de recibirlo. Y así, cada día en que trabajaba, sin excepción, sí o sí, daba un donativo a alguien como agradecimiento por poder trabajar. El motivo por el que me gustaba tanto esa actitud y ese comportamiento es porque encierra un precioso principio: compensar algo que aumenta la tristeza con algo que aumente la felicidad.

Cuando las noticias de las que hablaba en un Peldaño anterior asfixian nuestro optimismo y sabotean nuestra felicidad, nos entra una sensación de impotencia, y esa impotencia que nos producen se traduce a menudo en frases que son diferentes versiones de ésta: «No hay nada que hacer». Pero ¿qué pasaría si sí hubiera algo que hacer, si hubiera una fórmula para que cada vez que sucediera algo muy grave en el mundo, antes de 24 horas después del hecho el mundo mejorase? Atención a la historia siguiente.

Hace unos años recibí el premio de emprendedor del año el mismo día que se produjo un ataque a un avión en una zona de Europa del Este en la que dos bandos estaban enfrentados. Uno de los bandos decidió derribar ese avión para llamar la atención de la comunidad internacional. Lo más espantoso es que se trataba de un vuelo comercial. Los pasajeros no sólo no tenían nada que ver con ese conflicto, sino que ni siquiera eran ciudadanos de ese país. Murieron todos. Al ver la noticia, me entró una enorme sensación de indignación, tristeza e impotencia. Nuestro equipo me pidió que en el discurso de recogida no hablase del atentado, pero no podía no hacerlo. La noticia me había encogido el corazón. Obviamente no voy a incluirte todo el discurso en este Peldaño, pero sí mencionaré la frase que encierra su mensaje principal: cómo dar la vuelta a una sensación de impotencia y convertirla en una acción de provecho. Te pido que la leas detenidamente; y la próxima vez que algo te entristezca tanto como ese atentado me entristeció a mí, me gustaría que tanto tú, como yo, como todos los que lean este libro hagamos lo que dice esa frase. Es la fórmula para no rendirse nunca ni ante la destrucción ni ante los destructores; en una palabra, para no sucumbir al pesimismo:

#88PeldañosGenteFeliz
Cuanto más se empeñen los malos en hacer un mundo el doble de malo, más nos empeñaremos los buenos en hacerlo el doble de bueno.
@Anxo

¿Te imaginas que cada persona que leamos una noticia que nos dé sensación de impotencia, en el mismo momento que la leyéramos buscáramos dos cosas que mejorar en el mundo, por pequeñas que fueran, y las mejorásemos antes de que transcurrieran veinticuatro horas? Con este pacto en la mente de todos, ya nadie tendría motivación para destruir ni cometer atrocidades, ya que, con cada una, el mundo, en vez de empeorar, mejoraría. Te parecerá utópico, pero esto es justo lo que sucedió en Estados Unidos después de los ataques a las Torres Gemelas. El río de humanidad fue tan grande, que la sociedad civil estadounidense terminó convirtiendo su frustración en solidaridad, acabando mucho más fuerte y más unida que antes de las atrocidades.

Cuando te encuentres una dosis de mal, combátela con dos de bien.

---

59. COMUNICA TU VALÍA

El valor que otros puedan ver en ti no depende de lo que ellos consigan percibir, sino de lo que tú les consigas transmitir.

En mis primeros dos libros de la colección «88 Peldaños» mencioné más mi empresa 8Belts, e incluí muchas anécdotas e historias de cómo hacer para producir los resultados que buscas, dado que muchas de las lecciones, tanto para emprender como para la vida, las extraje gracias a todo el aprendizaje que obtuve de las dificultades de fundarla. Quizá echas de menos alguna historia más de entre las miles que tengo sobre ese proceso, pero dado que este libro se centra en Éxito Interior, preferí dejar 8Belts más al margen. Sin embargo, hay una anécdota que sí compartiré contigo, la cual explica la importancia de saber comunicar valor. Yo la usé para mi empresa, pero me gustaría que la tomes como ejemplo para transmitir el valor de lo que sea, especialmente el tuyo propio.

Alguien me preguntó:

—¿Y qué haces aquí en Kiev en verano? ¿Has venido sólo a conocer Ucrania?

—No. He venido a practicar el ruso e investigar cómo la gente aprende idiomas para perfeccionar la metodología de la que te hablé.

—Entiendo. Me contaste que con ella consigues que cualquier persona aprenda un idioma en 8 meses. Pero ¿cómo podrías hacer para que yo pueda entender por qué es tan revolucionaria?

—Te voy a dar un símil que para mí representa a la perfección lo que nosotros conseguimos con la metodología 8Belts. Imagínate que quisieras obtener un jugo de tomate. Compras mil tomates, los estrellas contra una pared, tomas un vaso y lo intentas ir llenando con las pequeñas gotitas que van deslizándose verticalmente antes de que alcancen el suelo. Esa es la forma más ineficiente de obtener un zumo de tomate. ¿Cuál es la más eficiente? Tomas un solo tomate, lo pasas por una licuadora, y con el cien por cien de ese tomate obtienes el mismo jugo que con los mil anteriores. ¿Cuál es la diferencia? Que te has ahorrado 999 tomates. El sistema tradicional de enseñanza invierte doce años para conseguir menos de lo que nosotros conseguimos en ocho meses. La forma tradicional de enseñar es como estrellar tomates. La nuestra es como usar una licuadora.

Mi interlocutor, un chico de EE. UU., también emprendedor, sin ser consciente de ello convirtió su expresión primero en asombro y luego en admiración.

—Qué bueno —dijo—. ¿Y ese símil sobre el valor que aportáis se te acaba de ocurrir ahora mismo?

—En absoluto. Es el resultado de cinco años pensando en cómo explicarlo.

¿Qué te hace único? ¿Por qué eres el mejor para este trabajo? ¿Por qué tus amigos deciden ser amigos tuyos? Haces mil cosas peor que muchos, pero ¿qué haces mejor que nadie? Si preguntásemos a tus conocidos qué admiran de ti, ¿en qué coincidirían casi todos? Y lo fundamental. Si ya lo has encontrado, ¿cuánto tiempo has invertido en aprender a expresarlo? ¿Cuántos símiles o historias has buscado para dar con una que te represente? Muchos no llegan a lo primero, y prácticamente nadie a lo segundo.

—*Pero Anxo, comunicar mi valor, ¿no sería pecar de inmodesto o arrogante?*

Aquí entra la parte más importante del Peldaño. La respuesta a esa pregunta se encuentra en esta otra, que además es una de mis favoritas: para qué. ¿PARA QUÉ comunicas tu valía? Si identificar tus puntos fuertes y comunicarlos es algo que llevas a cabo exclusivamente con fines egoicos, al servicio de tu ego, estarás actuando DESDE tu Bolsa Negra, y entonces efectivamente será una motivación que no hace que crezca tu Éxito Interior. ¿Cuál es entonces la alternativa? Comunica tu valía no con el fin de brillar, sino **con el fin de servir**. No DESDE tu Bolsa Negra, sino desde la Blanca. Cuando pones tus dones al servicio de una empresa, de tu familia, de tu comunidad, en definitiva, de un bien más grande que tú mismo, entonces, identificar qué te hace único y comunicarlo de forma brillante, con la intención de que el mundo se beneficie de ello, será el más bello de los cometidos.

#88PeldañosGenteFeliz
El mundo está necesitado de genialidades y de genios, y
eso incluye al que tú llevas dentro.
@Anxo

60. LAS CEREZAS

La vida es como un puente sin barandillas.
Si pecas por exceso, te caes por uno de sus lados.
Si pecas por defecto, te caes por el otro.
Si quieres cruzarlo, mantente en el punto medio.

Cuando vas en tu coche en verano y sientes *un poco* de calor, no sueles ponerte *un poco* de aire frío, sino que directamente pones el aire acondicionado al máximo, ya que eso es justamente lo que más te apetece, pero el problema es que ese chorro de aire frío sobre tu piel suele acabar teniendo consecuencias negativas para la salud. Como resultado de esto, hay gente que decide chorrear de calor antes que encenderlo. Pero ¿el hecho de que no haya que ponerlo al máximo quiere decir que lo correcto es no encenderlo? No. El éxito está en el punto medio. E igual que ese punto medio es aplicable al tema del aire acondicionado, lo es también al Peldaño anterior: comunicar nuestra valía sin entrar en ninguno de los extremos, esto es, ni guardárselo todo hasta el punto de quedarse callado, ni venderse tanto que en lugar de valía, se perciba soberbia. Sin embargo ese punto medio no es fácil de hallar, y de hecho hallarlo se convierte en un arte, el arte de la diplomacia. Este Peldaño te ofrecerá un truco para empezar a dominarlo. Está basado en el símil de las cerezas.

Tamara, la mamá de Luis, hijo único de ocho años, lleva meses pensando que le gustaría encontrar la manera de enseñarle a compartir más con los demás y ser menos egoísta. Un día, Luis trae a su amigo Raúl a casa a pasar la tarde, y ella les ofrece un plato de cerezas, el postre favorito de ambos, con la intención de usarlas como ejercicio para que Luis no se las coma todas. Para ello, antes de servírselo, llama a Luis a un lado y le da estas instrucciones de forma privada: «Esto es lo que vas a hacer. Toma un plato grande vacío y coloca sobre él un vaso, también vacío. El vaso representa todo lo que tú te vas a comer. Y el plato representa todo lo que se va a comer tu amigo Raúl. Y la regla es la siguiente: por cada cereza que pongas dentro del vaso, esto es, para ser comida por ti, tendrás que poner otra fuera del vaso, esto es, para ser comida por él. No podrás poner ninguna dentro que no haya sido compensada con otra fuera».

¿Y qué sucedió con la regla? ¿Funcionó? Por supuesto. A Luis le pareció razonable, por lo que Luis estaba contento, su amigo estaba contento y su madre también estaba contenta. ¿Por qué? Porque al mundo le encanta cualquier fórmula en la que compensas cada «cereza» que repartes a tu favor con otra que repartas en tu contra. ¿Y cómo se aplica la teoría de las cerezas al arte de la humildad? Muy sencillo. Cada vez que quieras tirarte una flor, haz una concesión. La cereza dentro, la flor, será todo aquello que digas a tu favor, y la cereza fuera, la concesión, será todo aquello que digas en tu contra. Incluso una crítica será vista como una cereza dentro, mientras que la autocrítica será vista como una concesión, esto es, cereza fuera (humildad). Siempre que tu interlocutor vea que cada cereza dentro está compensada con una fuera, le parecerá bien.

Ejemplos:

Hay mil cosas en las que soy terrible (cereza fuera), pero ésta no es una de ellas (cereza dentro).

Es curioso lo mucho que le cuesta a mi jefe no criticar ni enjuiciar a la gente (cereza dentro), pero lo cierto es que igual que él tiene sus áreas de mejora, yo tengo las mías (cereza fuera).

Reconozco que no creí que me lo fueran a dar (cereza fuera), pero rompí a llorar cuando vi que había conseguido el papel principal (cereza dentro).

A ella le queda mucho trabajo por hacer en su Éxito Interior (cereza dentro), pero a mí también, como a todos (cereza fuera).

Cualquiera de las frases anteriores se quedaría sin arte diplomático si dieras exactamente la misma información pero sin realizar ninguna de las concesiones, o sea, «todas las cerezas para mí».

#88PeldañosGenteFeliz
No seas el tipo de persona que habla
como si fuera grande a pesar de ser pequeño.
Sé el tipo de persona que habla como si fuese diminuto
a pesar de ser gigante.
@Anxo

61. LA FÓRMULA DEFINITIVA CONTRA LA PEREZA: LOS ARRASTRES

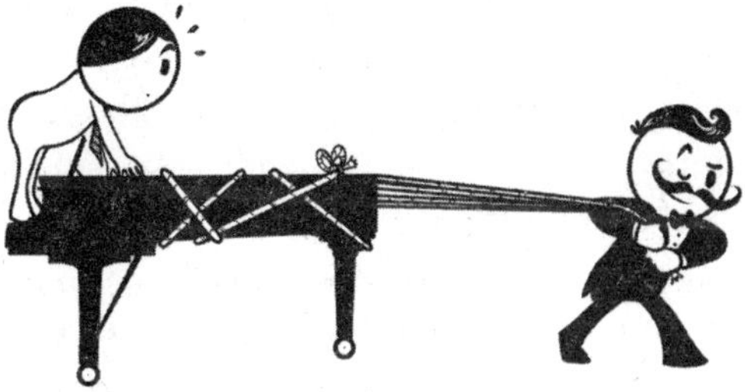

Para tener disciplina no hace falta forzar a tu cuerpo. Basta con engañar a tu mente.

Este Peldaño te va a dar una fórmula de un poder excepcional para sacar adelante objetivos, para vencer la pereza, para no fallarte a ti mismo y para mantenerte perseverante. Es aplicable a un número de áreas concretas, y en éstas podríamos decir que es relativamente infalible, por lo que conocerla y aplicarla es algo de un alto valor para ti y para tu Éxito Interior.

Existe una palabra en inglés cuyo significado tiene un gran valor, pero que no se puede traducir con facilidad al español. Esa palabra es *ACCOUNTABILITY*. Los diccionarios suelen traducirla como «responsabilidad», pero lo que no explican es de qué responsabilidad se trata. Se refiere a la responsabilidad del que cumple ante otros, y ahí es donde radica la fuerza del secreto de este Peldaño. Si tenemos que ser responsables para cumplir ante nosotros mismos, nuestro nivel de responsabilidad baja. Pero cuando es ante otros, sube. Lo explicaré con un ejemplo.

Imagínate que quieres aprender a tocar el piano. Curiosamente, lo que necesitas no es un profesor de piano, ya que en el siglo XXI existen miles de cursos por internet, muchos de ellos realmente buenos. Lo que sí necesitas es fuerza de voluntad para seguirlos. Haces una cita contigo mismo el sábado a las 12.00, y te reservas las dos horas siguientes para tener la disciplina de realizar la búsqueda del curso que te encaje, sentarte a escucharlo y seguirlo y poner en práctica absolutamente todo lo que te dice ese profesor que ni está contigo, ni te está viendo. Hay un problema: que si no cumples, no pasa absolutamente nada, dado que la única persona en el mundo que sabía de esa cita eras tú mismo.

¿Cuál era la solución?

Contratar a un profesor particular y fijar esa cita de las 12.00 con él en lugar de contigo mismo. ¿Por qué? ¿Por su valía? ¿Por todo lo que te va a enseñar? No. Podría ser el peor profesor del mundo y, sin embargo, te seguiría interesando fijar esa cita. El motivo es que si de un valor 100, sus dotes como instructor sólo representaran el 1 por ciento, el poder de la *accountability* representaría el 99 restante. Su valor no está en el hecho de que te enseñe, sino en el hecho de que te ARRASTRE, es decir, de que adoptes un compromiso externo. Si te lleva 100 clases empezar a tocar un mínimo el piano (yo defiendo que se puede conseguir con tan sólo ocho), lo difícil no es obtener la información de las clases, sino sentarte a hacerlas.

Alfredo es un chico de dieciocho años. Tiene la habitación de su residencia universitaria hecha un desastre. Está todo tan desordenado que el suelo no se ve. No hay donde pisar. La habitación lleva varios días en ese estado y no parece que Alfredo consiga encontrar la suficiente disciplina y motivación para ordenarla y limpiarla. De repente dice: «¡ARRASTRE!».

Ha salido en un par de citas con una chica que lo tiene obnubilado. Es la última persona que él querría que viera su habitación en ese estado, y por tanto la que menos desearía invitar a esa habitación. ¿Qué hizo nuestro protagonista? Justo lo contrario. Invita a la chica a jugar en su cuarto a su último videojuego la tarde siguiente. Y ¿en qué invierte cada minuto previo a su llegada? En limpiar y recoger cada rincón de su habitación. Por él no la habría recogido. Por ella, sí. Acaba de usar el poder del ARRASTRE.

Más ARRASTRES...

¿Estás convencido de que la meditación te puede ayudar a reducir el estrés y la ansiedad pero no consigues levantarte más temprano para hacerlo? Comprométete a hacer una sesión de meditación por *streaming* con un amigo todos los días a primera hora (videoconferencia por internet) y ya no podrás no levantarte e incumplir.

¿Llevas un año postergando un curso para aumentar tu Éxito Interior y conseguir subir de Belt? Cómprate los materiales y adelanta todo el dinero de la matrícula (y ya no habrá marcha atrás).

¿Quieres planificar un retiro en un país asiático para crecer como persona pero te da pereza? Compra ya tan sólo el vuelo (y ya no podrás echarte atrás de todo lo demás).

¿Ves ahora por qué los ARRASTRES son el secreto mejor guardado y menos usado?

#88PeldañosGenteFeliz
No obligues a tu mente. Mejor seduce a tu corazón.
@Anxo

62. LA PROFESIÓN DEL SIGLO XXI

Coach.

«¿Coach? ¡Pero si hace unos años no había ninguno y ahora parece que salen de debajo de las piedras!».

Ese argumento lo he oído muchas veces, pero lejos de ser un motivo para cuestionar esa profesión, es razón para defenderla. Si hay más coaches, es porque hay más demanda de coaching. Pero, curiosamente, el valor principal del coach ni siquiera está en su valía como coach. Existe un valor mayor, y éste es el que nos enseñó el Peldaño anterior. El mayor valor del coach no está en el coaching, sino en el ARRASTRE. ¿Por qué? Porque de todos los arrastres posibles con las miles de personas y profesiones disponibles, éste es el único que te lleva a dedicarte tiempo a ti mismo y a esculpir el futuro que buscas de forma deliberada usando tres herramientas: el tiempo, la atención y el conocimiento.

Es por esto que creo que todos deberíamos tener un coach en nuestra vida, y de hecho a lo mejor incluso más de uno. Si no consigues perder peso, contrata a un coach de salud. Si llevas meses posponiendo dar el paso que deseas para cambiar tu vida profesional, contrata a un coach de vida. Si eres consciente de que deberías hacer una mayor planificación económica de cara a tu futuro, contrata a un asesor financiero, si quieres subir de Belt en tu Éxito Interior, contrata a un maestro espiritual. ¿Por qué? Por estos tres beneficios:

a) En cuanto cierres la cita con el coach, habrás creado el ARRASTRE y ya sí o sí tendrás que sentarte con él o ella, poniendo fin de forma efectiva a la postergación (procrastinación).
b) En cuanto te sientes con el coach, estarás dedicando el cien por cien de las sesiones a un único tema: *encontrar soluciones que te mejoren la vida*. Y...

A mayor número de horas, mayor número de soluciones.

---

c) Cada vez que exploras un tema, abres una nueva puerta sobre ese tema. ¿Por qué? Porque tanto hablar de ese tema como escuchar hablar sobre ese tema son dos técnicas que te rompen los paradigmas (y las creencias limitantes) anteriores. Y lo cierto es que...

#88PeldañosGenteFeliz
No es posible obtener nuevos resultados sin romper viejos paradigmas. Si quieres resultados nuevos, crea paradigmas nuevos.
@Anxo

Pon un coach en tu vida.

63. ¡ROMPE LA PLACENTA!

¿Te ha gustado el Peldaño anterior? ¿Le ves valor al «pon un coach en tu vida»? Pues tengo una mala noticia. No lo vas a hacer. Ni tú ni el 90 por ciento de las personas (al menos antes de leer este Peldaño). Si hiciera una encuesta sobre por qué la gente no lo hace, la mayoría culparía al dinero, pero eso es incorrecto. El motivo por el que esto no es una cuestión de dinero es que no se trata de contratar un coach contando con una cantidad de dinero mayor, sino contando con exactamente la misma. La cuestión está en realizar un cambio de prioridades. ¿Cómo? Haciendo el esfuerzo deliberado de intercambiar en favor del coach todos aquellos gastos en tu vida que te generen **un coste igual PERO un beneficio menor**.

Entonces, si el impedimento no es el dinero, ¿cuál es?

La resistencia inicial.

—*¿La resis... qué?*

Presta atención al gráfico que incluyo a continuación. Ahí verás claramente que toda nueva situación tiene un nivel inicial de resistencia que se dispara y se pone por las nubes, pero (y esto es lo importante) que acto seguido se desploma y ya nunca más vuelve a subir.

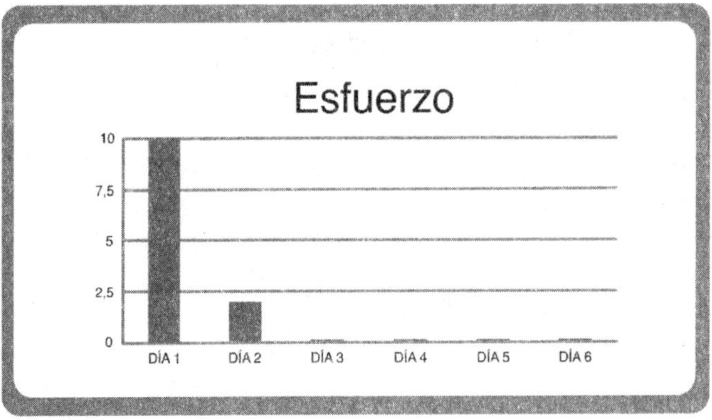

¿Por qué? Porque el paso uno es el ÚNICO paso que se da desde el desconocimiento. Todos los demás ya cuentan con experiencia previa. ¿Y qué sucede cuando desconoces algo? Que se disparan tu incertidumbre, tu miedo y tu pereza. ¿Y cuál es el resultado de todo esto? La... INACCIÓN.

Por tanto, cada vez que te seduzca la idea de contratar a un coach o un profesor de piano, de implementar un nuevo sistema en tu vida de gestión del tiempo, de probar el yoga o de incorporar cualquier hábito nuevo y radicalmente opuesto a todos los actuales, inyéctale este concepto a tu mente:

¡ROMPE LA PLACENTA!

Convéncete de que hay una vida nueva de la que sólo te separa la placenta que debes romper, esto es, la resistencia inicial, y que una vez la rompes, descubres un mundo nuevo con el poder de cambiarlo todo. Y lo mejor de todo... las placentas sólo necesitan romperse una sola vez, la primera. En cuanto rompes la placenta y superas la resistencia inicial, ya nunca más tendrás que volver a hacerlo. El motivo por el que no contratas al coach a pesar de que te seduce la idea es porque crees que no sabes por dónde empezar, que a lo mejor no encuentras el adecuado, que quizá no puedas permitírtelo, que no estás seguro de cómo va a ser X, Y, Z... Pero el gráfico nos indica que todas esas dudas y miedos se resuelven el mismo día que haces tu primera llamada o tu primera contratación. Ese día efectivamente requiere mucho esfuerzo, ya que estás rompiendo una placenta (esfuerzo 10), pero la segunda vez, ese esfuerzo pasa drásticamente del nivel 10 al dos, y la tercera y las sucesivas, directamente al cero. Llegando a un punto, ese paso ya no cuesta esfuerzo. ¿Cómo es esto posible si es exactamente el mismo paso? Porque ahora sabes cuáles no dar. Antes no.

Para romper la placenta con el coach, tan sólo haz tu primera búsqueda en internet ahora mismo. Para romperla con el profesor de piano, fija tan sólo la primera clase antes de las doce de esta noche. Para un cambio radical en tu crecimiento interior busca como un loco vídeos en internet de conferenciantes que puedan compartir contigo esos conocimientos que les ha llevado una vida descubrir y que después de llevar un tiempo empapándote de ellos te puedan permitir alcanzar un Belt mayor. ¿Y qué sucederá después? Que verás que lo que te daba miedo no era descubrir ese mundo, sino romper esa placenta.

—*Anxo, los 88 Peldaños son como tus hijos, ¿verdad?*

—*Así es.*

—*Entonces, si te preguntase con cuál te quedarías, me responderías lo típico de que no te quieres mojar y que te quedarías «con todos», ¿verdad?*

—*Incorrecto. Sí me mojaría.*

—*¿En serio? Entonces, ¿cuál es para ti el más revolucionario de todos como técnica para ponerse en marcha?*

—*Sin lugar a dudas, éste.*

—😟

Este Peldaño encierra el principal secreto de por qué la gente no realiza grandes cambios en su vida, por qué no crece más, por qué no invierte más en desarrollarse interiormente. El motivo es que en el mismo momento en que se ven frente a la resistencia inicial se dejan vencer por ella en lugar de superarla. Y éstos son mis dos consejos para todos ellos:

Cada vez que descubras una fórmula del éxito y dudes sobre si concederle una oportunidad, usa todas tus fuerzas para DESOÍR los motivos por qué no y ESCUCHAR los motivos por qué sí.

¿Por qué? Porque...

#88PeldañosGenteFeliz
Lo peor que te puede pasar no es invertir toda la vida en encontrar una fórmula del éxito, sino no invertir un segundo en decidir probarla.
@Anxo

64. EL LIENZO EN BLANCO

El peor alumno para un profesor de pintura no es aquel que pinta mal, sino aquel que decide no pintar.

Siglo XXII. *Año 88. La comunidad científica ha conseguido desarrollar un angelito virtual para acompañar a cualquier bebé en su primer día en la tierra, tranquilizarlo, motivarlo y darle un único mensaje para ser almacenado en su subconsciente y acompañarlo el resto de su vida.*

De los millones y millones de mensajes posibles, decidieron descartarlos todos en favor de uno. ¿Sabes cuál fue? Éste:

«Hoy es el día cero; el que pone en marcha tu cronómetro de la vida. Y desde hoy serás pintor. Este lienzo que se te entrega representará tu vida. Cada vez que en tu vida hagas que algo suceda, esa acción en tu vida se convertirá en un trazo en tu lienzo. Y cada vez que tus acciones dejen una huella positiva en el mundo, los trazos de tu lienzo, además, cobrarán color. Nunca se te exigirá que seas

Picasso ni que imites a Dalí. En ningún momento se te evaluará por la calidad de tu pintura, pero sí habrá una condición inquebrantable. En ella reside el culmen de este mensaje:

Si has venido a pintar,
da igual lo que pintes, pero pinta.

Cuando tu cronómetro de vida se detenga y tu tiempo de paso en el planeta Tierra llegue a su fin, yo volveré a tu encuentro y te pediré comprobar tu lienzo. Me muestres el lienzo que me muestres, tu cuadro será una obra de arte y tu vida un éxito, pero si y sólo si se cumple una única condición:

Que tu lienzo no esté igual de blanco que el día que te lo entregué».

Cuando dudes entre sumarte a un proyecto o abstenerte, entre viajar o quedarte, entre amar o protegerte, entre invertir en formación o quedarte en la ignorancia, entre arriesgarte o no hacerlo, entre levantarte o sentarte, tan sólo piensa: he venido aquí a pintar y esta oportunidad es mi lienzo.

#88PeldañosGenteFeliz
Tu vida cobrará color cuando pases de observar
pinturas a ser pintor.
@Anxo

Pintar como Picasso es algo al alcance de Picasso.
Pintar un lienzo en blanco es algo al alcance de todos.

«Desde hoy eres pintor. Da igual lo que pintes, pero pinta».

Cada día sin «pintar» son 24 horas sin vivir.

¿Dónde entra aquí la Bolsa Negra y la Bolsa Blanca? Hay dos formas de pintar un cuadro. Una es para conseguir una obra de arte. La otra es para disfrutar de la pintura. Cuando pintamos desde la Bolsa Negra, no nos interesa el proceso, sino única y exclusivamente el resultado. Y no por los motivos adecuados. Buscamos la obra de arte no por disfrutar de su belleza, sino con motivos egoicos: ser reconocido, sentirse superior a otros pintores, llegar a más para sentirse más importante, y sufriendo el típico bajón que sucede al éxito: «Ya lo he conseguido. ¿Y ahora qué?». Eso cuando sí conseguimos el éxito. ¿Y qué sucede cuando no? Nos autoflagelamos y nos castigamos por no haberlo conseguido. Cierro el Peldaño con un ejemplo de Bolsa Negra y otro de Bolsa Blanca, aplicando el ejemplo de la autoexigencia no a la pintura, sino a la vida real.

Dos corredores llevan meses entrenando con el objetivo de hacer una maratón en menos de 3 horas. Llega el día, corren la maratón y ambos obtienen el mismo tiempo: 3 horas y 2 minutos. El primer corredor actúa desde la Bolsa Negra. Ésta es su reacción: «Esto es terrible. Por tan solo dos minutos. Qué rabia. Soy un desastre. Mis compañeros lo han conseguido y yo no. No me lo puedo creer. ¡Por dos miserables minutos! Ahora mismo deseo no volver a correr nunca más». El segundo corredor actúa desde su Bolsa Blanca. Atención al contraste (esto sí es tener un Belt alto): «He trabajado con ilusión de cara a un objetivo que no se ha cumplido y... sonrío al respecto. Estoy feliz de haber hecho todo lo posible. No soy culpable de nada y por tanto no tengo nada de qué lamentarme. He detectado que el que tiene hambre de drama no soy yo. Es mi ego».

65. LOS REGALOS DE 11 LETRAS

Te voy a hacer un test. Tienes que completar estas dos frases, pero con una condición. Sólo puedes elegir una de estas dos respuestas.

Respuesta A: TE DESEO BIEN.
Respuesta B: NO TE DESEO BIEN.

1. Eres mi amigo. Ha habido mil momentos en que me has hecho FELIZ. Por tanto ________________________

2. Eres mi enemigo. Ha habido mil momentos en que me has hecho INFELIZ. Por tanto ________________________

Si has respondido A y B, respectivamente, entonces tu respuesta es la más normal. Es la respuesta que elegiría la inmensa mayoría. Es la respuesta más esperada, pero no la más acertada. La correcta es ésta:

Eres mi amigo y por tanto... *te deseo bien*. Eres mi enemigo y por tanto... *te deseo bien*.

¿Te suena raro?

¿Sí? Haz esto. Cambia las palabras «amigo/enemigo» por «ser humano». ¿Te suena raro ahora?

Si no eres un psicópata, tu respuesta probablemente sea «no, ahora no me suena raro». Pero entonces, ¿qué es lo que ha cambiado? Pues que antes en tu mente había dos grupos, el grupo de los glorificables y el grupo de los demonizables. Y tras este ejercicio, ahora sólo hay uno: el grupo de las personas.

**El nacimiento no sólo otorga vida.
También otorga derechos.**

No es más ser humano tu amigo que tu enemigo, y la consecuencia de esto es que como seres humanos que ambos son, se merecen no sólo nuestros respetos, sino además nuestros buenos deseos. La paradoja de este principio es que cuando deseamos bien a alguien, el más afortunado no es el que recibe esos buenos deseos, sino el que los da.

Podría decirse que *Los 88 Peldaños de la Gente Feliz* es como un manual de gimnasio, no para entrenar tus músculos, pero sí para entrenar tus hábitos. Y el hábito que me gustaría que entrenes con este Peldaño es el de conceder un regalo a todo ser viviente con el que te cruces. Pero hay una regla. Has de poner un énfasis mayor cuanto mayor sea el daño que ese ser viviente te haya querido causar.

¿Y cuál es el regalo? ¿Dinero? ¿Favores? ¿Abrazos?

No. Es mucho más sencillo. La respuesta es: las 11 letras anteriores, pronunciadas de forma repetida igual que si fuera un mantra.

«TE DESEO BIEN, TE DESEO BIEN, TE DESEO BIEN,
TE DESEO BIEN».

Sea quien sea, te caiga como te caiga, te ofenda lo que te ofenda, te enoje lo que te enoje, entrena el hábito de pensarlo, decirlo y sentirlo: «TE DESEO BIEN». No tienes que decírselo en voz alta. Tan sólo repítelo en tu mente hasta que lo acabes sintiendo, y no pares hasta acabar por desearlo. Desearlo de verdad. Sin peros. Ni siquiera tienes que hacerlo por altruismo. Recuerda que de los dos, el más beneficiado eres tú. Por tanto hazlo por puro egoísmo (del bueno). Al desearle bien a él, te haces un favor a ti mismo.

Si me concederías que desarrollar el hábito de darte masajes hace bien a tu cuerpo o que respirar aire puro hace bien a tus pulmones, concédeme que desarrollar el hábito de hacer «regalos de 11 letras» a todo el mundo con que te cruzas hace bien a tu alma.

¿Recuerdas el Peldaño que hablaba de la importancia de potenciar el amor incondicional por las personas? Ésta es una forma de entrenarlo.

#88PeldañosGenteFeliz
Cuando deseas bien a alguien, el benefactor eres tú. Y el beneficiado... también.
@Anxo

66. LAS GRIETAS

#88PeldañosGenteFeliz
El mundo exterior se cambia mejorando el mundo interior.
@Anxo

Este Peldaño te va a encantar. No sólo cuando lo leas, sino cuando con él consigas sellar un montón de *grietas* en tu vida. De esto trata.

Cada vez que algo de lo que percibes te molesta, eso que te molesta fuera de ti tiene un homólogo dentro de ti, y el motivo por el que te molesta esa área exterior es porque está enfermo su homólogo interior. Presta atención a lo que viene ahora... La forma de curar lo que te molesta fuera no es cambiando lo de fuera, sino sanando lo de dentro. Cada vez que cures el homólogo interior que está enfermo, estarás desactivando esa área exterior que te molesta. ¿Significa esto que al curar el homólogo interior se elimina el exterior? Definitivamente no, ya que el mundo exterior no puede ser controlado ni eliminado. Por tanto al sanar el interior, no eliminarás el área exterior, pero ésta dejará de molestarte.

Cada vez que algo te molesta fuera es porque hay algo insano dentro.

Observa este relato.

Elisabeth vive en un pequeño apartamento de Nueva York, muy acogedor y muy de su agrado. Se ha levantado una tormenta de nieve y el termómetro marca las temperaturas más bajas del año. Elisabeth cuenta con una calefacción muy potente que hace que su hogar siempre esté perfectamente caldeado. Sin embargo, por algún motivo, hoy está gélido. Hace un frío polar en su interior, a pesar de que la calefacción está al máximo. Elisabeth inspecciona la casa y finalmente encuentra la causa del problema. Hay una grieta en una de sus paredes. Inmediatamente se pone a sellarla como buenamente puede y en cuestión de minutos toda su casa vuelve a la normalidad. Elisabeth respira hondo, suspira y disfruta de la renovada paz de su hogar.

¿Ha conseguido elevar un grado la temperatura exterior? No. ¿Ha detenido la tormenta? Obviamente no. ¿Tendría sentido intentarlo? Sería absurdo, ya que las tormentas no se detienen. ¿Por qué entonces ha funcionado? Porque ha curado el problema dentro y con ello ha desactivado el de fuera.

Cada vez que algo te moleste fuera, pregúntate: «¿CUÁL ES MI GRIETA?»; tu grieta de dentro.

Si te molestan las fotos que cuelga en redes sociales tu compañera de clase exhibiendo su cuerpo de gimnasio y deseas bloquearla para no volver a verlas (ésta es tu tormenta), quizá sea porque te recuerde lo descontenta que estás con el tuyo. O quizá sea porque, si tú no te permites a ti misma presumir del tuyo, «¿por qué puede ella presumir del suyo?». La solución no está en bloquearla, sino en analizar qué te molesta. Si no te gusta tu cuerpo, puedes observar ese hecho y aprender a amarte como eres, o puedes tomar la decisión de ponerte en forma. Si era lo segundo, puedes prestar atención al hecho de que te moleste que ella presuma cuando tú no lo haces y centrarte en sanar ese desasosiego interno tuyo (esto es sellar tus grietas), y a ella hacerle un regalo mental de once letras: «Te deseo bien».

Si te irrita que alguien sea el centro de atención (tormenta), a lo mejor es porque tú no has superado tu timidez (grieta). Si te preocupa que tu hermano se vaya de mochilero por el mundo (tormenta), a lo mejor es porque tú nunca te has atrevido a salir de casa (grieta). Si te da rabia que tu jefe tenga mucho dinero (tormenta), a lo mejor es porque lamentas no haber emprendido algo (grieta). La solución nunca está en eliminar las tormentas, sino en sellar tus grietas.

Sellar una grieta no elimina el problema de fuera, pero sí cura el de dentro.

No hará que deje de nevar, pero sí hará que ya no sientas frío.

67. EL LÍMITE ENTRE LA BOLSA BLANCA Y LA NEGRA

Lo que estoy a punto de contarte es algo que para mí supuso un ladrillazo. Cuando descubrí el concepto y su importancia de cara a la paz interior y por tanto a la felicidad, se convirtió en una enorme revelación y punto de inflexión para mí. Prepárate porque te va a impactar a ti también.

A estas alturas, seguro que ya has detectado que el concepto más rompedor de todo este libro es ser conscientes de que el cien por cien de nuestras acciones, intenciones o pensamientos procede siempre de la Bolsa Blanca o de la Bolsa Negra. Tomemos el espectro delimitado por estos dos extremos. Extremo A: «Adoro esto. Me produce amor». Extremo B: «Odio esto. Me produce ira». De los dos, es fácil entender que el primero es Bolsa Blanca, esto es, sano, y el segundo es Bolsa Negra, esto es, insano, dado que la ira genera una alteración negativa del bienestar. Pero muchas veces es posible que la división entre ambos hemisferios no sea tan patente o manifiesta. ¿Cómo discernir en esos casos de qué Bolsa se trata? ¿Cómo saber el punto exacto que nos hace pasar del lado sano al insano? ¿Dónde está la línea de corte? ¿Es necesario adorarlo todo para estar en el lado sano? ¿Se puede estar muy en desacuerdo con algo sin entrar en la Bolsa Negra? ¿Es malo estar a disgusto con algo?

La respuesta es ésta: siempre que tu disconformidad no altere tu paz interior, será una disconformidad buena, esto es, que surge desde la Bolsa Blanca. Siempre que sí la altere, será mala (Bolsa Negra). Y la única manera de saber si es una disconformidad buena o mala es gracias a ese gran concepto en el que se centra este Peldaño y que supone la llave de la paz interior. ¿Listo para conocerlo?

Aquí está: la PERTURBACIÓN.

La perturbación representa la línea divisoria entre la Bolsa Blanca y la Bolsa Negra. En el momento en que se entra en estado de perturbación automáticamente se pasa de la Blanca a la Negra y en el momento se suelta (entrega) esa perturbación, se pasa de la Negra a la Blanca. En ese preciso momento en que entra la perturbación, se pierde la paz interior, y como consecuencia de ello, se pierde también temporalmente la felicidad, la cual no podrá ser recuperada mientras no se supere el estado de perturbación.

Presta atención a estos tres ejemplos:

Estás en un restaurante y en la mesa de al lado no paran de dar carcajadas y gritos.

El ruido molesta a tus oídos. → NO hay perturbación.
El ruido te provoca una cierta rabia contra los comensales. → SÍ hay perturbación.

Que el ruido sea desagradable para tus oídos no es algo controlable, pero sentir rabia hacia alguien, sí lo es. Elimina la rabia y eliminarás la perturbación.

Escuchas por TV al líder del partido opuesto al tuyo.

«Creo que nunca aprobaré nada de lo que dice este señor. No podría estar más en desacuerdo con él». →NO hay perturbación.
«Qué mal me cae. No lo aguanto». → SÍ hay perturbación.

Si permites que su punto de vista, aspecto o forma de ser haga que te «caiga mal», entonces has entrado en el lado insano (Bolsa Negra), ya que eso indica que te has dejado perturbar por algo que nunca debería perturbarte. Ese «fuego» contra él en tu interior, por pequeño que sea, debe ser eliminado. Siempre.

Llegas unos minutos tarde a una cita con tu pareja y ésta entra en cólera.

Tú te disculpas por el retraso, y le explicas de forma calmada que su respuesta quizá no sea proporcional a tu error. → NO hay perturbación.
Permites que la cólera de ella provoque cólera en ti. → SÍ hay perturbación.

¿Es difícil no responder a la cólera con más cólera? Por supuesto, pero el débil es aquel que sucumbe a la provocación. El fuerte es aquel que la resiste. Si es difícil, ten esto en cuenta:

#88PeldañosGenteFeliz
las mayores dificultades encierran los mayores crecimientos.
@Anxo

Estas situaciones son pruebas de Éxito Interior, y lo único que diferencia a la gente con un Belt de Éxito Interior alto del resto es justo cómo mantiene la compostura ante las mismas situaciones con las que otros se doblegan.

El Éxito Interior no se forja disfrutando dulces, sino digiriendo limones.

---

68. ¿ESPONJA O CACTUS?

Eres ESPONJA si... eres RECEPTIVO. Te permites observar en lugar de juzgar, interiorizar antes que rechazar, mantener la calma por más que algo te disguste en lugar de reaccionar y estallar. Hablamos de algo que se rige por la escucha, la reflexión y el autocontrol.

Eres CACTUS si... eres REACTIVO. Te mantienes en estado de alerta y protección, a la defensiva; estás dispuesto a pinchar con tus púas a quienquiera que cruce una línea roja que tú has creado; a poner en su sitio al primero que supere tu bajo nivel de tolerancia. Se rige por el juicio, la visceralidad y el castigo.

De los dos, sólo las ESPONJAS están cerca del Éxito Interior.

La grandeza humana no está en aceptar aquello que se adora, sino en mantener la receptividad hacia aquello que no.

Este Peldaño está estrechamente ligado al anterior, ya que ser REACTIVO es sucumbir a la perturbación y ser RECEPTIVO es conquistarla, y con estos conceptos, mi objetivo es que a partir de hoy tú seas consciente del número de veces que eres CACTUS, esto es, REACTIVO. Cada vez que permitas que la perturbación te gane el pulso y te haga sentir un rechazo con alteración hacia alguien o algo, sea pequeño o grande, tanto cuando lo manifiestes como incluso cuando no, habrás sucumbido a un momento de REACTIVIDAD, y eso supondrá una batalla perdida. ¿Cuál es tu objetivo con respecto al Peldaño? Que llegue el día en que tu nivel de autocontrol y Éxito Interior sea tal que tu número de momentos reactivos sea igual a... cero.

Haz este test rápido. ¿Qué color de CACTUS eres tú? Para averiguarlo, párate a pensar y cuenta el número de veces que, cuando algo no te gusta, eres víctima de la REACTIVIDAD, o bien porque «saltas»/te rebelas/estallas, o bien porque, aunque no lo manifiestes, tu interior ha entrado en estado de perturbación. (Apunte: el enfado, la rabia o la ira siempre forman parte de ese estado.)

CACTUS ROJO: eres reactivo más de cinco veces al día.
CACTUS NARANJA: eres reactivo una vez al día.
CACTUS AMARILLO: una vez al mes.
CACTUS VERDE: cero veces en el último año.

Los vientos fuertes se caracterizan por destruir la calma. Las personas fuertes, por mantenerla.

«¿Y si un conductor me insulta porque me quedé parado más de la cuenta con un semáforo en verde?». Tómate ese insulto igual que te tomarías una invitación a delinquir. Si un ladrón te pide ayuda para robar dos televisores a cambio de quedarte con uno, ¿lo harías? No. Pues si crees que no caerías en esa tentación, no caigas tampoco en ésta. Igual que tienes libertad para elegir no robar cuando te invitan, tienes libertad para no reaccionar cuando te provoquen. Hacer lo contrario no sólo indica perder una batalla, además indica debilidad.

«¿Y si descubro que mi hijo ha faltado al colegio? ¿No puedo enfadarme tampoco en ese caso?». No. En realidad enfadarse nunca suma. Sólo resta. «¿Me estás diciendo que debo cruzarme de brazos y permitirlo como si nada?» EN ABSOLUTO. Pon EXACTAMENTE LOS MISMOS LÍMITES que pondrías a día de hoy para impedir que lo haga, pero... desde la Bolsa Blanca, esto es, sin gritos, sin enfados, sin rabia. «Entonces, ¿puedo tener firmeza para dejarle claro que no es aceptable?». Por supuesto que sí. **Puedes ser firme e incluso implacable, pero sin perturbación.** Ahí radica la magia.

La esponja es receptiva porque absorbe y recibe. Incluso si se la llega a pisar, su resiliencia es tal que vuelve a su forma original tras ser pisada. El cactus es reactivo porque rechaza y aleja. Y TODOS somos libres de elegir ser uno u otro cada día de nuestra vida.

#88PeldañosGenteFeliz
Enfadarse es como dar patadas a una roca. Todo el
dolor se queda en tu pie.
@Anxo

69. TRANQUILO... ES SÓLO UN MAL AÑO

#88PeldañosGenteFeliz
Nunca pierdas la esperanza. Hasta la noche más larga
es derrotada por el amanecer.
@Anxo

Durante uno de los años que viví en Virginia, en EE. UU. (en total pasé casi una década residiendo en aquel país), en mi segundo año de carrera tuve una profesora de canto con la que aprendí muchas cosas. Y no sólo relacionadas con el canto. De todas esas cosas, me voy a quedar con dos. Una que tiene que ver con el aprendizaje, y esa lección la contaré en el siguiente Peldaño, y otra que tiene que ver con cómo enfrentarse a los períodos duros, y de ello hablaré en éste.

Katrina, así se llamaba, acababa de llegar a mi universidad como profesora de la Facultad de Música. Desde casi el primer momento se encontró a disgusto, y por más que lo intentaba, no conseguía encontrar su sitio en esa institución educativa, ni profesional ni socialmente. No conseguía entender por qué lo estaba pasando tan mal, y acababa invirtiendo la mayor parte de su tiempo intentando encontrar una explicación. Todos los días hablaba con su mayor confidente, su hermano, y siempre con la misma pregunta en mente: «¿Por qué me está pasando esto y cómo puedo ponerle fin?». Esta pregunta la estaba consumiendo, y todos los consejos de su hermano servían de poco. Estaba sumida en la miseria, y su miseria no hacía más que crecer. Había entrado en caída libre. Cansado de verla sufrir, un día, su hermano explotó:

> ***—Stop torturing yourself! Stop looking for the explanation. YOU'RE JUST HAVING A BAD YEAR! And everyone is entitled to having a bad year. If you keep on desperately looking for the cause as a remedy to what's happening to you, then the remedy is going to be more costly than the problem itself. Recognize that it is a bad year and... ACCEPT IT!***

> *[—¡Deja de torturarte! Deja de buscar explicaciones. ¡ESTÁS TENIENDO UN MAL AÑO! Y todo el mundo tiene derecho a tener un mal año. Si sigues buscando la causa desesperadamente como remedio para lo que te está sucediendo, entonces te hará más daño el remedio que el problema. Reconoce que es un mal año y... ¡ACÉPTALO!]*

Ese párrafo le cambió la vida.

No se dio cuenta de que estaba sufriendo más por la desesperación de no encontrar la causa del problema que por el problema en sí. Desde el mismo momento en que aceptó el problema, sucedió algo mágico. Y es que... **el problema perdió su fuerza.**

La mera aceptación supuso el principio del fin del problema.

Si estás pasando por un período difícil, entiende que el daño mayor no proviene de la dificultad del período, sino de que tú no lo aceptes. Si eres consciente de este hecho y desde ese mismo instante trabajas en reconocer el problema y aceptar el período, será como extraer el veneno de una serpiente. La serpiente sigue ahí, pero ya no da miedo.

Seguro que en tu caso ni siquiera se trata de un año, sino de un mes, una semana o incluso un día. Lo importante no es su duración. Es tu actitud.

Igual que las pesas de un gimnasio no te destruyen, te robustecen; los retos de la vida no te hunden, te fortalecen.

---

70. LA TEORÍA DEL CONTRASTE

De todos los profesores de canto que tuve (en torno a diez) destaco a dos. Uno era un profesor coreano con muchísimo renombre que había dado conciertos en decenas de países. Respondía al nombre de «doctor Chou». Era mayor. Cantaba muy bien. Y esto era un problema (ahora verás por qué). La otra era Katrina, la humilde profesora de canto del Peldaño anterior. Joven y estadounidense. No tenía reputación ni renombre, y no había dado conciertos más que en su pueblo, pero tenía la capacidad de hacer algo que el profesor coreano no podía hacer: cantar bien...Y ADEMÁS... cantar mal. Y esto era algo de una enorme importancia.

Cuando me encontraba en clases con el doctor Chou, él me indicaba la forma correcta de cantar. Acto seguido, yo intentaba reproducir lo que él acababa de hacer. Por supuesto, yo no me acercaba ni por asomo. ¿Y qué hacía él? Volver a repetir la forma correcta de hacerlo. ¿Qué cambiaba cuando tras varios intentos yo seguía sin dar con la forma correcta? Absolutamente nada. Su único recurso era cantar bien con la esperanza de que yo acabase por reproducirlo. Pero ese recurso no tenía valor para mí, y por tanto, yo no acababa mejorando ni aprendiendo. Él podía cantar bien. Yo no.

Katrina, sin embargo, hacía algo diferente. Ella me indicaba la forma de cantar un pasaje, pero, cuando yo fallaba, en lugar de continuar mostrándome qué tenía que hacer, reproducía lo mismo que yo hacía, esto es, no sólo la forma correcta, sino también la incorrecta. ¿Y por qué era esto tan importante? Porque ponía a mi disposición la fuerza del CONTRASTE.

Cuando sólo tienes la opción correcta, sólo tienes un dato. Pero la fuerza del aprendizaje está en entender dos datos: lo que ALGO ES... y también... lo que ALGO NO ES. ¿Por qué? Porque no puedes explicar la noche a alguien que no ha visto el día. Para explicarte lo que la noche es, necesito explicarte también lo que la noche no es, o sea, mostrarte la luz del día, y gracias a entender lo que la noche no es, estarás entendiendo lo que la noche es.

¿Por qué es éste un Peldaño del Éxito Interior? Porque contiene una llave muy importante para tu aprendizaje y, por tanto, para tu evolución. La clave para poder aumentar tu crecimiento está en tener en mente siempre dos cosas: aprender lo que algo es... Y TAMBIÉN... lo que algo no es. Muchos comprenden lo primero, pero muy pocos lo segundo. No llega con conocer qué hace que tu vida esté llena, sino también qué hace que esté vacía. No basta con saber qué deseas incorporar en tu vida, sino también qué deseas eliminar. No es suficiente pensar en qué caminos tomarás al incorporar los Peldaños de este libro, sino también en entender cómo serían los que tomarías si no los incorporases. Ésta es la fórmula que aumenta nuestra consciencia y fortalece nuestro poder de discernimiento.

#88PeldañosGenteFeliz
No valores sólo el día, sino también la noche, ya que es
la existencia de la noche la que da significado al día.
@Anxo

Si quieres entender qué es vivir desde la esencia, es necesario que entiendas qué es vivir desde el ego. Si deseas explicar a alguien qué es vivir desde la luz, ayúdale primero a entender qué es vivir desde la ignorancia. Si buscas tomar decisiones propias de un Belt de Éxito Interior superior, párate a reflexionar cómo serían las que tomarías desde un Belt inferior. ¿Por qué? Porque cada vez que usas contrastes, aportas claridad.

**Lo que hace que resalte un punto negro
no es que el punto sea negro,
sino que el fondo sea blanco.**

---

71. CUANDO ESPERAS MENOS, GANAS MÁS

Sígueme el juego en estos dos planteamientos.

En el planteamiento A, lo que la vida te da tiene un valor 3, y lo que tú esperabas que te diera (tu nivel de expectativa) también es de valor 3. Pregunta: si tú esperabas 3 y la vida te da 3, ¿estás contento con lo que la vida te ha dado? Respuesta: Sí.

En el planteamiento B lo que la vida te da tiene un valor 3 y lo que tú esperabas que te diera tiene un valor 10. ¿Estás contento en este caso? Respuesta: No.

Pero sin embargo, en ambos casos has recibido ¡exactamente lo mismo! ¿Por qué entonces estás contento en el primer caso pero no en el segundo a pesar de que lo que has recibido no ha variado lo más mínimo? Porque...

El dolor no procede de cuánto recibes, sino de cuánto esperabas recibir.

Hay dos maneras de aplicar este Peldaño. Una es: no aspires a mucho en la vida, y así podrás contentarte con poco, pero esta postura es diametralmente opuesta a la que yo defiendo tanto en este libro como en todos los que he escrito. ¿Recuerdas el Peldaño número 11 de *Los 88 Peldaños del Éxito*? Hablaba de la importancia del «INCONFÓRMATE» y de por qué deberíamos tatuarlo en nuestras mentes. Así que, por supuesto que debemos no aspirar a poco, sino a todo lo posible, y si nos quedamos cortos, esto no debe dolernos. Éste es el motivo:

---

conseguir un objetivo es curiosamente mucho menos importante que la lucha por conseguirlo.

¿Por qué? Porque, tanto si has conseguido el objetivo como si no... *si has luchado, has crecido*. Así que este Peldaño no es una invitación a no aspirar a cosas buenas, sino a no esperar que no lleguen las malas (reléelo un par de veces). Y ése es el quid. Cuando la vida te dé un revés, pensar que en cuanto lo superes ya no volverá a surgir te hará débil, y pensar que es el primero de muchos te hará fuerte.

Unos días antes de escribir este Peldaño di una conferencia en medio de la cual una de las asistentes sufrió un ataque epiléptico. Siempre defiendo que en toda inmundicia se esconde un tesoro, y uno de los que esta persona encontró en la suya (hubo más de uno) fue que acabó recibiendo una sesión de coaching por mi parte de casi una hora (se me encogió de tal manera el corazón al verla tan impotente, que me moría por hacer algo para ayudarla). Cuando entró de nuevo en sí y superó el problema físico, vi que todavía le quedaba un gran obstáculo mental. Lo que más dolor le producía no era la situación en sí, sino que ella ya estaba convencida de que ésta había quedado superada meses atrás y que ya no volvería a sufrir ataques epilépticos. O sea, el dolor no surge cuando la vida te da un valor tres, sino cuando tú esperabas un valor diez. ¿Cuál fue mi mensaje para ella? «Lucía, tu mayor peligro no procede de esto que tienes que atravesar, sino de tener la expectativa de que ya no vas a tener que volver a atravesarlo. Habrá más episodios, pero no pasa nada porque tu capacidad para gestionarlos aumenta con cada uno».

Cuando era pequeño mi padre se frustraba mucho cada vez que se rompía un plato. Yo lo miraba con una sonrisa y le decía: «Papá, asume que entre hoy y tu último día en la Tierra van a romperse 117 platos, así cada vez que se rompa uno podrás pensar: "Ya queda uno menos" ☺».

#88PeldañosGenteFeliz
Lo peligroso no es que el tornado llegue, sino no verlo venir.
@Anxo

72. LA PARADOJA DEL SIGLO XXI

Están desesperados. Llevan varias horas perdidos en el desierto y saben que el mayor peligro no es pasar demasiados días sin comer o sin dormir, sino pasar demasiadas horas sin beber. Miran en todas las direcciones y sólo ven arena. Y sol. Mucho sol. De repente, a lo lejos uno de los miembros de la expedición divisa a un campesino viajero. Le gritan y agitan sus brazos desaforadamente hasta captar su atención. Corren a su encuentro y sin tiempo de coger respiro le preguntan si sabe dónde hay cerca un manantial. El que sea. El campesino, con cara seria y parco en palabras, les dice que el más cercano está a 20 km en línea recta. Ellos, dejando la conversación a medias, toman sus garrafas y se ponen a correr frenéticamente hacia su objetivo. Pero había un problema. Su pregunta al campesino era si sabía dónde había un manantial, no si su agua... ***era potable****.*

Invirtieron el cien por cien de su energía en alcanzar su objetivo, y el cero por ciento en analizar si era el correcto.

Ésta es la gran paradoja del siglo XXI. Existe un objetivo que es el más codiciado de todos cuantos pueda haber. ¿Cuál? El dinero.

¿Y qué sucede una vez lo alcanzamos? Que nos damos cuenta de que todos los años que invertimos en encontrarlo no han conseguido aumentar ni un ápice nuestro nivel de felicidad. Nos ponemos a correr desesperados buscando el supuesto manantial de la vida, y una vez alcanzado, nos damos cuenta de que ahí no yacía la fuente de la felicidad.

El dinero... Si no eras feliz sin,
no serás feliz con.

O lo que es lo mismo...

Esperar que la riqueza te haga feliz
es como esperar que el océano te sacie la sed.

¿Significa eso que el dinero es terrible y que deberíamos odiarlo y despreciarlo?

¡NOOO! En absoluto. De hecho defiendo que existe un exceso de odio al dinero entre un sector de la población que tomó el principio anterior y se fue al extremo opuesto. Y este odio es dañino. Óyeme bien el porqué: EL DINERO ES UN POSIBILITADOR, y, por tanto, siempre que se use para un fin mayor que el propio dinero, será absolutamente maravilloso, ya que POSIBILITA: hace posible que sucedan cosas (constructivas). Ojalá la gente tuviera más y no menos dinero, por supuesto trabajando con compromiso de cara a ello. Pero esto NO es una contradicción. El dinero es buenísimo siempre y cuando se entienda el principio siguiente y terrible cuando no. Quédate con él para reconciliar para siempre ambas posturas:

Busca tener dinero como fuente de empoderamiento, pero no como fuente de felicidad.

La felicidad se construye hacia dentro, no hacia fuera. Y eso depende poco del dinero y mucho del Éxito Interior.

Prepárate porque estoy a punto de cerrar este Peldaño con lo que puede ser la máxima número 1 de este libro. Grábatela a fuego y compártela:

#88PeldañosGenteFeliz
La gente no es más feliz cuando en su vida hay más dinero. Es más feliz cuando en su vida hay más amor.
@Anxo

73. LA FÓRMULA DE LA ABUNDANCIA

¿Te gustaría conocer una fórmula mágica que haga que tus bolsillos estén llenos, que nunca te falten amigos, que tu vida rebose con prosperidad y que no paren de lloverte ofertas de ocio y trabajo?

Te la voy a contar. Pero no es mágica. Es lógica.

Cada vez que te encuentres con algún tipo de emprendedor que te cuente un proyecto, una ilusión o una pasión que está realizando y con la que se está poniendo en marcha, simplemente escúchalo atentamente y luego respóndele con esta frase:

«¡Qué interesante! Yo puedo ayudarte con tu proyecto».

Ésta es la cara que se te ha quedado al leer eso: 🙁; ya que consideras que el «yo puedo ayudarte con eso» es exagerado, porque no puedes.

Espera. Te voy a transcribir la conversación entera, para que tengas el guion completo de lo que vas a decir:

EMPRENDEDOR: Llevo varios meses trabajando en un proyecto. [Te lo cuenta.]
TÚ: ¿Qué es lo que más te está costando?

EMPRENDEDOR: Dar a conocer el proyecto. [O conseguir clientes, o montar una web, o acceder a gente relevante, o motivarse, o desatascarse.]
TÚ: ***Yo puedo ayudarte con eso.***
EMPRENDEDOR: Pues me das una alegría. ¿Pero tú sabes de marketing?
TÚ: No, pero estoy a un clic de distancia de aprender.

La fórmula de la abundancia no funciona gracias a tu inmejorable conocimiento, sino a tu insuperable predisposición. Por supuesto que tú no sabes de todo, pero en el siglo XXI toda la información está a un clic de distancia... para aquellos con la determinación de ir a buscarla.

Si inviertes tan sólo un par de horas en investigar un tema muy concreto, sabrás más que el 99 % de la población mundial en ese tema.

Y adivina qué sucede cuando alguien ve que estás dispuesto a implicarte así por él o ella...

Que empieza la magia a actuar (que en realidad es lógica).

Por un lado acabas de ganar un amigo, ya que tu querido emprendedor ya no te ve como una persona normal, sino como una persona con un corazón más grande que el de las personas normales. Por otro, acabas de ganar un proyecto, ya que si el emprendedor ve que tu aportación es imprescindible, te va a ofrecer formalizar tu implicación (por lo que pasaría de ser una ayuda gratuita en la que tú no buscabas nada a una remunerada que te ha llegado por sorpresa). Pero es que además, tu vida se acaba llenando de una palabra clave en el Éxito Interior: REALIZACIÓN. Aumenta no sólo el número de personas interesantes que entra en tu vida, sino también el número de actividades y de oportunidades de aprendizaje, de conocer, de ver, de relacionarte y sobre todo, de sentirte útil y vivo; y todo ello son componentes fundamentales de la prosperidad y la abundancia, tanto exterior como interior.

#88PeldañosGenteFeliz
No trabajes ni por reconocimiento ni por dinero. Trabaja por realización.
@Anxo

¿Sabes por qué es tan poderosa esta fórmula? Porque te enseña a hacer algo no menos poderoso:

PLANTAR SEMILLAS DE ENDEUDAMIENTO.

Usa esta fórmula cien veces con cien personas y de repente te encontrarás con una pradera social repleta de semillas de endeudamiento que tú has sembrado, cada una de las cuales genera un **ansia** en las mentes de tus deudores. Esa ansia es la necesidad humana por devolverte tu favor, y además, no en la misma proporción de tu favor, sino en una proporción mayor.

Créeme si te digo con el corazón en la mano, que pocas fórmulas han revolucionado mi vida tanto como ésta. Durante mucho tiempo, yo era generoso con quien lo era conmigo. Luego, tras muchos años haciéndolo mal, aprendí que la verdadera generosidad es dar a quien no te ha dado primero a ti. Con este aprendizaje empecé a plantar semillas de endeudamiento, y, como por arte de magia, empezaron a lloverme oportunidades exclusivas de ocio, de negocios, de nuevas relaciones, de aprender, de crecer, de aumentar mi realización personal, y hasta de subir de Belt interior, a pesar de que yo no estaba buscando nada de eso. Lo que buscaba era ayudar por el placer de ayudar, de forma genuinamente altruista. ¿Y qué acababa sucediendo? Esas semillas de endeudamiento de mí hacia otros inevitablemente se traducían en mayor abundancia de otros hacia mí. No es magia. Es lógica.

¿Y qué pasa si alguna de esas semillas de endeudamiento no germina y no te devuelve lo plantado? Si la plantaste con la motivación errónea (desde el ego/Bolsa Negra), te dolerá. Si la plantaste con la motivación acertada (desde la esencia/Bolsa Blanca), entonces es imposible que te duela, ya que tu objetivo era simplemente el de dar sin más, y ese objetivo ya se ha cumplido tanto si te devuelven lo ofrecido como si no.

La mayor paradoja de la vida está en que cuanto más se vacían tus bolsillos para llenar los de otros, más se vacían los de otros para llenar los tuyos.

---

74. EL TEST DE LA SABIDURÍA COLECTIVA

Creo que no es desacertado afirmar que las personas y las relaciones personales componen una de las áreas más importantes de la vida. Sin embargo, la mayor parte del tiempo, en lugar de profundizar en esas relaciones, apenas rascamos la superficie. No somos conscientes de todo el conocimiento que cada persona podría aportarnos, pero igual que si fuera una enorme hoguera, para que ésta se produzca, es necesario provocar al menos una pequeña chispa. Este Peldaño te la va a proporcionar. No una, sino veinte.

Cuando nos encontramos con gente nueva, habitualmente formulamos preguntas protocolarias que apenas aportan nada, del tipo: ¿cómo estás? o ¿qué me cuentas? Aunque nada tienen de malo, y en algunos momentos será correcto seguirlas usando, creceríamos mucho más como personas y nuestras relaciones estrecharían sus lazos, si, cuando sea posible, en lugar de usar esas preguntas de siempre, vacías y superficiales, las cambiáramos por otras, creadas para servir de chispas; chispas que causan fuegos. Aquí van veinte preguntas de las que te aconsejo que hagas uso a partir de ahora. Con algunos las usarás de forma salteada.

Con otros directamente harás el test de principio a fin, y verás que... no sólo aprendes muchísimo, sino que tu relación con esa persona pegará un interesante salto en cuestión de tan sólo unos minutos. Te invito a que me pongas a prueba en mi afirmación. ¿Tienes cerca a alguien con quien puedas hacer el test ahora mismo?

20. ¿Qué es lo que más te ilusiona en estos momentos?
19. ¿Cuál ha sido tu mejor momento del último año?
18. ¿Cuál ha sido una lección de vida reciente?
17. ¿Qué ha supuesto un cambio de paradigma en tu vida? *Ejemplo: Siempre creí que ________, pero un día descubrí que todo funcionaba mejor cuando hacía justo lo contrario.*
16. ¿Quién es tu principal mentor y cuál es una de sus lecciones?
15. ¿Qué libro o vídeo de internet te ha enseñado más? ¿Cuál de sus lecciones podrías compartir aquí y ahora?
14. ¿Qué truco ha mejorado tus relaciones personales?
13. ¿Qué hábito practicas a día de hoy que te hace mejor persona?
12. ¿Cuáles son las tres cualidades que tiene la gente que te encandila?
11. ¿Qué decisión te ha reportado el mayor aumento de felicidad?
10. ¿Qué objetivos tienes para el próximo año?
9. ¿Podrías contarme algo que hayas aprendido y sobre lo que te hayas dicho: «Esto debería conocerlo todo el mundo»?
8. ¿Qué revés que en su día fue duro hoy agradeces?
7. ¿Qué tentáculo del ego has conseguido superar?
6. ¿De qué estás más orgulloso en tu vida?
5. De todos los momentos en que has tenido un pico de felicidad, ¿con cuál te quedarías?
4. ¿Qué es lo que más agradeces de la última semana?
3. ¿Qué consejo le darías a tu yo de hace unos años?

2. ¿Qué pequeños pasos darás en los próximos doce meses para contribuir a que el mundo sea un poquito mejor?
1. ¿Qué área de tu crecimiento interior estás trabajando actualmente?

#88PeldañosGenteFeliz
No existe una sola persona que no pueda enseñarte algo... si preguntas.
@Anxo

75. LA TEORÍA DE LOS PLANETAS

Esta teoría se aplica sobre todo a las relaciones de pareja, aunque, bien interpretada, puede ir mucho más allá.

Las relaciones de pareja son como el sistema solar. El centro del sistema solar es el Sol. Él es el que te da luz, te calienta y es la principal fuente de radiación que te mantiene vivo. Sin embargo, no es el único cuerpo importante del sistema solar. Junto a él están los planetas, de diversos tamaños y diversa cercanía. Ninguno puede compararse al Sol, ya que ninguno juega un papel tan relevante como él, y no obstante, si dejaran de existir, se rompería el equilibrio que mantiene el sistema solar en marcha. Por tanto, aunque su importancia sea incomparable a la del Sol, su presencia es fundamental para hacer que todo el sistema funcione. Juegan un papel menor, pero son igual de indispensables.

El Sol representa a tu pareja. Quizá se haya convertido en la persona más importante de tu vida, ya que es la principal persona en la que te apoyas y la que, de mil maneras, te da más luz. De ella puedes esperar muchas cosas, pero sería un error esperarlas todas (o, peor aún, exigírselas), de la misma manera que el sistema solar no está formado tan sólo por el Sol, sino por el Sol y por muchos planetas. Estos planetas representan a todas las personas de nuestra vida que, sin ser tu pareja o tu cónyuge, aportan una serie de cosas a tu vida que hacen que ésta se mantenga en equilibrio.

¿Cuál es el error que la gente que no conoce la lección de este Peldaño comete? Pensar que porque tu Sol sea tu principal fuente de luz y calor ya no necesitas nada más. ¿Y qué acaba sucediendo cuando te acercas tanto a tu Sol que no ves más allá? Que tanto tú como él os acabáis quemando.

Seguro que conoces algún matrimonio que por el día trabajan juntos, por la noche pasan cada hora en casa juntos, el fin de semana no se separan y por vacaciones tampoco. Y en un número alto de casos ¿qué acaba sucediendo? Que se acaban abrasando. ¿Cómo podrían incorporarse más planetas a su sistema? Teniendo un tiempo sagrado para cada uno (sin que ello suponga una amenaza para el otro), invirtiendo una parte de su tiempo de ocio con algún amigo, y buscando contacto con personas que representen una fuente de sabiduría, paz o confianza. Si no has conseguido provocar una conexión racional con tu pareja, no tiene nada de malo incorporar un planeta a tu vida que la supla, esto es, una persona que justo te ofrezca esa virtud. Si te encanta el yoga, bailar, el senderismo o el ajedrez, y a tu pareja no, es más sano incluir esos planetas a tu vida a través de personas o grupos con esos intereses a los que sumarse que exigirle a tu pareja (tu Sol) que te satisfaga en cada una de esas áreas, cuando son algo que tú adoras pero él o ella no. Incorporar esos planetas, lejos de robar protagonismo a tu Sol, hace que éste brille con más fuerza, ya que hace que cada hora pasada a su lado cobre más importancia. Esto, y no lo otro, es equilibrio. Y la relación, lejos de verse amenazada, se verá beneficiada. Incorporar los planetas adecuados, lejos de apagar tu Sol, añade equilibrio a tu universo.

#88PeldañosGenteFeliz
Buscar una vida equilibrada centrándolo todo en un solo foco es como buscar un taburete estable centrándolo todo en una sola pata.
@Anxo

76. AMANSA LA BESTIA

Dos niños se pelean. La disputa dura cinco minutos. ¿Cuánto dura el enfado? Otros cinco.

Dos adultos se pelean. La disputa dura cinco minutos. ¿Cuánto dura el enfado? Cinco días (y en algunos casos, toda una vida).

¿De quién es la culpa? De la bestia que llevas dentro. ¿Cuál? Ésta:

> *«Ya han pasado cinco días y todavía no doy crédito. Le hice la tortilla para desayunar y en lugar de agradecerme el esfuerzo, se queja de que le faltaba sal. ¿Pero quién demonios se cree que soy? ¿Su criado? No voy a permitir que me vuelva a dar una contestación así nunca más. Y lo más probable es que se haya quedado todo tranquilo como si nada hubiera pasado. Seguro que ya ni se acuerda. Como no me pida perdón, no le vuelvo a hacer un desayuno en su vida».*

Ese ruido mental es la bestia. Ella es la responsable de que el drama y la amargura se perpetúen. Durante mucho tiempo yo tuve un concepto erróneo de la justicia que me llevaba a pensar que un drama no es desacertado siempre y cuando el asunto sea lo suficientemente grave, ya que lo veía como una forma de ecuanimidad —si no se monta un drama, entonces la situación va a parecer menos grave de lo que es, y eso no sería justo—, pensaba yo. Hoy soy consciente de que es al revés. El drama es uno de los atributos principales de la gente con poca altura interior. Es otro de los placeres ocultos del ego.

¿Cómo puede ser que a la gente le guste perpetuar un problema que a largo plazo da dolor? Porque a corto plazo da placer.

Montar dramas a largo plazo no es constructivo, pero a corto plazo... gusta. ¿Cómo se puede evitar la perduración de un problema? Amansando la bestia. ¿Y cómo se amansa la bestia? Eliminando el ruido mental.

—*Anxo, ¿eso no es muy difícil?*

Depende. Si no me compras la solución que estoy a punto de darte, sí lo es. En caso contrario, no lo es tanto. El problema es que esta solución está llena de prejuicios. Yo los tuve toda mi vida. Cada vez que alguien me la recomendó, yo nunca compré su consejo. Me parecía la mayor pérdida de tiempo. Pero estaba equivocado. ¿Y cómo puede ser que teniendo algo tan útil a mi alcance lo rechazara durante tanto tiempo? Porque no era yo quien lo hacía. Era mi Bolsa Negra. Una de las principales amenazas para el ego es soltar creencias anteriores. Recuerda que el ego ADORA tener razón y cambiar de creencias significa no tenerla. Reconocer una equivocación es tremendamente doloroso para el ego, y por tanto, cuando alguien llega a nosotros con algo que supone cambiar la forma de pensar anterior, ¿qué hacemos de forma casi instantánea? Tensarnos y emitir más ruido. «Eso no puede ser así», se rebela nuestra mente, la bestia.

¿Listo para la solución a cómo amansar tu bestia y eliminar todo ese ruido mental que perpetúa la amargura? Pues aquí va. Pero antes prométeme hacer el esfuerzo de controlar tu deseo de rebelarte contra ella al leerla, ya que ese rechazo no viene de ti. Viene de tu ego, tu Bolsa Negra.

En un Peldaño anterior dije que el cien por cien del sufrimiento que existe en el mundo procede de un único sitio: la mente humana. Por tanto, si conseguimos detener el ruido mental, estaremos deteniendo de facto la fábrica del sufrimiento, esto es, amansando la bestia. ¿Y cuál es la mejor herramienta para domesticar el silencio y conseguir ser tú quien controle tu mente en lugar de que sea ella quien te controla a ti? **La meditación**.

—Anxo, ¿la misma que tú rechazaste durante años?

Sí. Otro más de mis errores. La meditación es posiblemente la mejor herramienta para domesticar tu mente. Si escuchas a tu ego, rechazas antes de probar. Si escuchas a tu esencia, pruebas primero y rechazas (o no) después. Te recomiendo que hagas lo segundo y le des una oportunidad. En realidad, no una, sino al menos cuatro, ya que no suele funcionar a la primera. Al hacerlo reconocerás que llevabas dentro una bestia, tu mente, que cuando se domestica, te regala felicidad, pero cuando no, te inflige amargura.

#88PeldañosGenteFeliz
La mente es genial cuando produce ideas. Terrible cuando produce ruido.
@Anxo

77. EL TALADOR

Ésta es la historia de Joseph, un talador canadiense hijo y nieto de taladores, y su hijo Philip. Un día, cuando Philip sintió que tenía edad suficiente, le pidió permiso a su padre para talar su primer árbol. Se fue al bosque solo y por la tarde llegó a casa frustrado. «Papá, no valgo para talar árboles», le dijo. «Después de propinar un alto número de golpes con mi hacha, el árbol ni se tambaleó. Todo ese esfuerzo no sirvió de nada», exclamó desolado. El padre lo escuchó atentamente relatar su primera experiencia como talador de árboles y lo animó a compartir con él su desilusión, a fin de que eso le ayudara a desahogar su frustración. Cuando ventiló todas sus penas, su padre le formuló dos preguntas: cómo de grueso era el tronco y cuántos golpes de hacha había asestado. Tras escuchar la respuesta del hijo, éstas fueron sus palabras: «Querido Philip, por todo lo que me cuentas y por mi experiencia, puedo concluir que ese árbol se hubiera talado con entre 90 y 100 hachazos. Y tú diste 70. Tu esfuerzo no sólo sí estaba dando resultados, sino que, de hecho, estabas a tan sólo unos hachazos más de conseguir tu objetivo. La lectura que tú hiciste es que si el árbol no cae es porque los hachazos no funcio-

nan. Pero la correcta es la contraria: ***cuanto más inútiles parecen los hachazos, más cerca está de caer el árbol.*** *El problema fue que te diste por vencido demasiado pronto. ¿Cuál fue el impedimento para que tú consiguieras tu objetivo? Tu ansia por conseguirlo».*

De esta historia se extraen tres lecciones. La primera es: cada vez que quieras incorporar un nuevo cambio a tu vida, espera fallar durante un tiempo, pero entiende que cada intento fallido, lejos de ser un fracaso, te está acercando un paso a tu objetivo. La segunda es que, al saber que se trata no de un intento, sino de un conjunto de intentos, puedes liberarte de la presión de buscar resultados inmediatos. Tú sólo céntrate en dar el siguiente hachazo, recordándote que un hachazo más siempre significará que te quedará un paso menos. Y la tercera es confianza y comprensión. La confianza procede de saber que dar hachazos, incluso cuando no ves el árbol caer, es el camino correcto para que caiga. La comprensión procede de saber que cada vez que un golpe no tumba el árbol, se debe simplemente a que ése no era el último de la serie para derribarlo.

¿Tu pareja y tú lleváis veinte años gritándoos y hoy habéis hecho el compromiso de no volverlo a hacer? Entiende que veinte años es un árbol muy grueso de talar, y que fallaréis treinta o cuarenta veces antes de poder eliminar el hábito antiguo de forma definitiva y conseguir que vuestro árbol caiga. Pero entiende también que cada uno de esos fallos es un golpe de hacha que, lejos de alejarte de tu objetivo, te acerca a él.

¿Te habías comprometido a no faltar al respeto a un compañero de trabajo o a un familiar y hoy lo has hecho? Sonríe. Estás un día más cerca de conseguir tu objetivo y a un hachazo menos de tumbar tu árbol.

¿Llevas cinco veces practicando la auto-observación sin conseguir con ello controlar tu Bolsa Negra y quieres concluir que lo de la autobservación del Peldaño 10 no vale para nada? Aplícate la siguiente máxima...

#88PeldañosGenteFeliz

No permitas que cuando talar un árbol requiera de diez hachazos, los primeros nueve parezcan una pérdida de tiempo.

@Anxo

78. LA FELICIDAD REQUIERE ESTRATEGIA

Si quieres ser matemático, invierte en matemáticas. Si quieres ser feliz, invierte en felicidad.

Cuando yo planificaba mis vacaciones hace años, éstas solían acabar siendo bastante aburridas. Cuando escuchaba a mis amigos relatar las suyas, parecían ser siempre fascinantes. Nunca entendía por qué las suyas acababan siendo tan divertidas y las mías no. Un día descubrí un precioso principio que resolvió mi duda: si inviertes dos horas en planificar unas vacaciones, tendrán un valor dos. Pero si inviertes diez, tendrán un valor diez. Lo único que diferenciaba sus vacaciones de las mías era las horas de planificación que cada uno invertía. Ni más ni menos. Qué simple. Este mismo principio aplica también al campo de la felicidad y el Éxito Interior.

Ojalá este Peldaño suponga un ladrillazo para ti y a raíz de él tomes una decisión que parece obvia para todos, pero que sin embargo no es implementada por casi nadie: convertir tu felicidad en una prioridad. ¿Por qué? Porque a la felicidad no se llega de forma fortuita, sino de forma deliberada. No es fruto del azar. Es fruto de la estrategia.

Si preguntáramos a un alto número de personas si cree que va a ser más feliz dentro de un año o de cinco o de diez, la inmensa mayoría respondería que sí. Para ellos tengo una terrible noticia, y es que su respuesta es errónea. ¿Por qué van a ser más felices? ¿Porque la vida mejora sola? No hay nada que garantice que la trayectoria futura, tanto la de ellos, como la tuya, como la mía, nos conduzca a una felicidad mayor ni en un año, ni en cinco, ni en diez. A menos, esto es, que invirtamos expresamente en corregir esa trayectoria.

Si no has leído mis otros libros, es probable que al leer éste te quedes con la idea de que sólo hablo de temas de Éxito Interior, pero lo curioso es que la mayor parte de las conferencias que me solicitan siguen siendo sobre temas de éxito exterior, como ventas, negociación, cultura de empresa, la empresa del siglo XXI, cómo revolucionar equipos, motivación, líderes magnéticos o emprendimiento. En este último campo, cuando imparto charlas a emprendedores, hay una pregunta que siempre les formulo sobre el negocio que quieran montar: «¿El campo en el que se enmarca ese negocio constituye un mercado creciente o decreciente?». Si quieres invertir en un negocio de máquinas expendedoras de tabaco, lo más probable es que sea un mercado decreciente, ya que cada vez la gente fuma menos. Si por el contrario es un negocio de gimnasios, será creciente, ya que la gente cada vez se preocupa más por el deporte y la salud. Este principio que se aplica a los negocios también se aplica al campo de la felicidad. Igual que un emprendedor tiene que analizar si el campo en el que quiere emprender va a ir a más o menos, nosotros tenemos que analizar si lo que invertimos en nuestra persona, en nuestro ser, en nuestra mente, nos hace ir a menos o a más.

#88PeldañosGenteFeliz
Si no suma, ya resta.
@Anxo

Aquí tres preguntas a modo de reflexión sobre cómo aumentar la felicidad y tres respuestas a modo de recomendación para conseguirlo.

REFLEXIÓN 1. ¿Qué información le metes a tu cerebro? ¿Información que suma o información que resta?

REFLEXIÓN 2. ¿Te relacionas con gente que aumenta tu desarrollo interior o que lo reduce?

REFLEXIÓN 3. ¿Dedicas mucho tiempo al autoanálisis y a la introspección o poco?

RECOMENDACIÓN 1. Invierte en felicidad eligiendo deliberadamente cambiar alguna serie televisiva que te aporta poco o nada en favor de vídeos por internet que potencien tu interior. Invierte en libros y cursos que te hagan CRECER. Elige qué información va a entrar en tu cerebro a partir de hoy y cuál no.

RECOMENDACIÓN 2. Invierte en felicidad eligiendo con qué personas relacionarte más a partir de hoy y con cuáles relacionarte menos. Una de las mejores herramientas para crecer es a través de la osmosis, es decir, la influencia contagiada (por otras personas). Comparto contigo una revelación personal... En estos momentos estoy escribiendo desde Colombia. Vine no por el país, que es precioso, sino por pasar tiempo de forma deliberada con unos amigos con los que crezco cada vez que pasamos tiempo juntos.

RECOMENDACIÓN 3. Invierte en felicidad siendo tremendamente consciente de cuándo actúa el ego, su mayor enemigo. Para ello es necesario crear espacios innegociables de tiempo para dedicar a un único tema: TÚ. Trabajar la introspección es trabajar el autoconocimiento. Trabajar el autoconocimiento es trabajar tu Éxito Interior.

Cada noche, al acostarte, haz balance con
estas 2 simples preguntas:
¿Qué agradezco de hoy?
¿Qué quiero mejorar mañana?

79. PREDISPUESTO A...

#88PeldañosGenteFeliz
La Verdad es como la luz del Sol. En el momento en que derribas tus muros, entra sola.
@Anxo

En la búsqueda de la Verdad sólo existen dos caminos. Estar predispuestos a cambiar nuestras creencias actuales o estar predispuestos a perpetuarlas. Si estás predispuesto a cambiarlas, entonces consideras que aún te queda mucho por descubrir. Si no lo estás, entonces consideras que ya lo has descubierto todo. Por tanto, el requisito número uno para aumentar el Éxito Interior es estar predispuesto a cambiar muchas de tus creencias y convicciones viejas por otras nuevas que estén más cerca de la Verdad, tu verdad. Existen tres formas de llevar a cabo este proceso: estar predispuesto al SÍ, estar predispuesto al NO, estar predispuesto al QUIZÁ. Sólo esta última es la correcta.

Cuando estás predispuesto al SÍ, estás predispuesto a creerlo todo. Seguro que conoces a gente que, le cuenten lo que le cuenten, está predispuesta a creerlo. Creer cosas no tiene nada de malo. Creerlas sin pasar ningún tipo de filtro, sí. ¿Por qué? Porque te convierte en iluso, y un iluso podría llegar incluso a creer cosas que sean contradictorias. Tan malo es no creer nada como creerlo todo.

Cuando estás predispuesto al NO, estás predispuesto a negarlo todo. Seguro que también los conoces. Les cuenten lo que les cuenten, su primera respuesta es «no me lo creo». Son víctimas de un rechazo sistemático a todo lo nuevo. Esto les hace desechar falsedades, pero también verdades, si bien ellos nunca sabrán cuál es cuál, dado que no se han parado a comprobarlo.

Cuando estás predispuesto al QUIZÁ, no tienes ni predisposición a creer ni a no creer. Tienes predisposición a INDAGAR. Cuando adoptas esta postura, fíjate todo lo que estás diciendo: no me cierro en banda, no me niego de entrada, estoy abierto, no me aferro a mis creencias sólo por ser las que siempre he tenido (ego), le doy una oportunidad a lo que me dices, y... quiero saber más.

Yo durante mucho tiempo tenía predisposición al NO. Pecaba de escéptico compulsivo, y en consecuencia, mi crecimiento interior se vio estancado durante años. El mismo año en que entré en estado de rendición, pasé de la predisposición al NO a la predisposición al QUIZÁ, y como consecuencia de ello, experimenté un crecimiento interior en tan sólo unos meses mayor al experimentado en décadas.

¿Listo entonces para las tres enseñanzas de este Peldaño?

La primera. No hay nada que más enfurezca a tu ego que la mera presencia de una creencia nueva que entra en conflicto con tu creencia actual. El ego mata por que no entren creencias nuevas en tu cerebro, y no sólo de forma metafórica, sino literal. Las principales guerras se produjeron porque el enemigo pensaba «de forma diferente a mí». Adoptar una predisposición al QUIZÁ combatiendo la predisposición sistemática al NO es luchar por evitar sentirse amenazado ante creencias diferentes.

La segunda. Siempre creí que la mente es un recurso para saber qué es verdad y qué es falsedad. Hoy creo que a veces puede ser una barrera. Si sólo crees en aquello que tu mente te dice, te perderás el cien por cien de las dimensiones que no sean mentales. Las sensaciones de tu cuerpo, la energía de tu entorno, la intuición profunda no cerebral, las comprobaciones para las que la cabeza no tiene respuesta son canales de información que trascienden la mente y hay formaciones enteras que se pueden cursar para descubrir mejor cada una. Si sólo crees lo que la mente puede explicar, entonces, de haber vivido diez siglos antes, hubieras negado el 90 por ciento de lo que hoy crees porque la ciencia TODAVÍA no podía explicarlo, y sin embargo no era menos verídico de lo que lo es hoy. ¿Cuántas cuestiones que hoy la ciencia no puede explicar tendrán explicación en quinientos años? ¿Son menos verídicas esas cuestiones porque nuestra mente TODAVÍA no pueda explicarlas? ¿Vamos a esperar a que nuestra mente las entienda para creerlas?

Y la tercera. Si pides a todo el mundo que pinte sobre un mismo muro, el día que te encuentres con una pintura de un genio quedará enterrada entre el resto de pintadas anteriores. Mejor dale un muro en blanco para así poder quedarte una pieza de arte. Esas pintadas representan tus prejuicios. El muro en blanco supone eliminar los prejuicios para así poder reconocer ese arte. ¿Cómo saber que algo es arte, esto es, verdad, y no ruido, esto es, falsedad? Pregúntate menos qué te hace pensar y más qué te hace sentir (esto era algo súper-difícil para una persona tan mental como lo era yo), y no des nada por sentado. Comprueba qué resultados da. Analiza los resultados que esa creencia produce preguntándote: ¿esto es algo que parece ser favorable a la vida o contrario a ella?

Acallar prejuicios viejos que tan sólo dan sombra es dar voz a creencias nuevas que podrían dar luz.

---

80. LO MÁS NORMAL

Cuidado con todo aquello que se clasifica como LO MÁS NORMAL. A veces lo más normal es lo MENOS DESEABLE.

Me insultó, y, como comprenderás... LO MÁS NORMAL es que me enfade.

Me provocó, y es lógico que entre en cólera. Es... LO MÁS NORMAL.

Le hace una competencia a mi negocio con la que yo no estoy de acuerdo, y... LO MÁS NORMAL es que desee lo que deseo: que no le vaya bien en el suyo.

Siempre quiere llevarme la contraria en las reuniones de trabajo. LO MÁS NORMAL es que yo no se lo permita (aunque eso requiera actuar desde la rabia).

Éste me levantó la voz, aquel me interrumpió, ella habló mal de mí, él me faltó al respeto en público... y por supuesto que me provocan rabia. Es... LO MÁS NORMAL. La culpa es de ellos por provocarme.

—Anxo, es lógico que esté alterado. Me han provocado. ¿No me irás a decir que NO ES LO MÁS NORMAL?

Depende de qué entiendas por NORMAL. Si lo tomamos como sinónimo de COMÚN, sí lo es. Si lo tomamos como sinónimo de CONVENIENTE, entonces es todo lo contrario.

¿Listo para el mayor ladrillazo de todo el libro?

#88PeldañosGenteFeliz
Nada de lo que te molesta de otros
es responsabilidad de otros.
@Anxo

Es responsabilidad única y exclusivamente… tuya.

¡BUM!

¿Has oído el ruido del ladrillo al golpear contra la cabeza?

Estoy seguro de que, para la inmensa mayoría, aceptar esa máxima supone un cambio radical de paradigma, igual que el que supondría llevar toda una vida cavando un túnel para un día descubrir que la salida se encontraba en la dirección contraria a la que cavaste.

ES NORMAL que te moleste que alguien te grite, pero ES CONVENIENTE que no dejes de trabajarte para alcanzar el día en que ni te inmute.

ES NORMAL que si alguien te insulta, te cause rabia, pero ES CONVENIENTE que trabajes de cara al día en que la expulses de tu vida.

Repítete y grábate estas palabras en tu mente: «Sea cual sea la acción que alguien lleve a cabo en el exterior, el único responsable de que eso cause o no rabia en mi interior soy yo».

—Anxo, ¿y si es algo grave como que alguien me agreda o destroce mi coche?

Incluso en ese caso la responsabilidad sigue siendo de cada

uno, lo único que cambia es que el reto es mayor, y **a mayor reto, mayor recorrido** para conquistarlo, con lo cual, prepárate para fracasar, pero también para no desistir.

—*Interesante, Anxo... ¿Y cómo se consigue mantener la calma ante un reto así?*

Siempre de la misma manera, igual que se elimina la sombra: aplicando un foco. En el caso de la sombra, es un foco de luz. En el caso de la rabia, es un foco de atención. Cuanta más atención prestes a la existencia de tu rabia (o de tu perturbación en general), más la eliminas. Y la forma de encender en tu ser ese foco de atención es formulándote preguntas que te hagan estar más despierto o consciente con respecto a esa rabia: ¿qué te hace sentir esa rabia?, ¿en qué momento se produjo?, ¿cómo se podría describir?, ¿la sientes a menudo?, ¿qué pasa si en lugar de frustrarte con ella simplemente la observas como si fueras un espectador en un partido, como algo que no es tuyo? No tienes ni que dar con las soluciones. El tesoro no está en que encuentres las respuestas, sino en cada minuto que inviertes en buscarlas.

De entre todos los que consideras que te la provocan, sólo uno es responsable de tu rabia: TÚ.

---

81. LA OPORTUNIDAD DE ORO

Lo que diferencia a la gente con mayor éxito del resto no es el número de oportunidades que tiene, sino el número de oportunidades que aprovecha.

¿Te gustaría saber la fórmula mágica para transformar sombra interior en luz? Pues aquí va: aprovechando cada OPORTUNIDAD DE ORO (de escalar Belts) que la vida nos va ofreciendo en diferentes momentos a lo largo del día. ¿Cómo se hace? Detectando cada vez que tu ego tenga hambre y cambiando deliberadamente la sombra que obtienes cuando realizas la acción que tu ego te pide por la luz que adquieres cuando realizas concienzudamente la acción contraria.

¿Te encuentras en clase muriéndote del aburrimiento? Tienes la OPORTUNIDAD DE ORO de trabajar tu paciencia. Pregúntate: ¿qué siente mi cuerpo ante este aburrimiento? (Dedicar tiempo a enfocarte en la respuesta, de por sí, sin hacer nada más, aumenta tu capacidad de ser paciente —no me creas, compruébalo.)

¿Te invitan a una cena y te mueres por comentar lo terrible que estaba la comida? Tienes la OPORTUNIDAD DE ORO de trabajar tu deseo de crítica destructiva. Pregúntate: ¿qué parte de mí está tomando el mando, la que me pide queja o la que me pide agradecimiento?

¿Acabas de detectar faltas graves de ortografía en un correo electrónico de tu empleado a tu mejor cliente? Tienes la OPORTUNIDAD DE ORO de trabajar tu deseo de culpar. Pregúntate: ¿qué placer oculto obtengo si desato mi furia?

Lleva tu mente a esta situación. Imagínate que te encuentras en una boda, y la sobrina de la novia, una niña de unos trece años, que está leyendo delante de todos los invitados, no consigue pronunciar tres palabras seguidas correctamente. Titubea, se detiene, se equivoca repetidamente. ¿Qué te pide tu ego? Si tuvieras un Belt de Éxito Interior mediano, te pediría enjuiciarla y preguntarte con cierta perturbación: «¿Cómo puede una niña que ya es casi una adolescente leer tan mal?». Si tu Belt es bajo, directamente te pide manifestarlo de viva voz, no contenerte y decírselo a la persona que tienes al lado, por supuesto desde el ego (y no desde la esencia), y a obtener el placer oculto de la queja, la crítica y la desaprobación. Tienes ante ti una OPORTUNIDAD DE ORO: la de decidir aprovechar esta ocasión que la vida te da para agrandar tu Bolsa Blanca y encoger tu Bolsa Negra, practicando el amor.

—*Anxo, el amor... ¿se practica?*

—*Por supuesto. Y ése es el objetivo de este libro. Se entrena igual que cualquier otro hábito.*

—*Pero eso de practicar amor suena a catecismos y predicadores. A mí eso no me va.*

—*Eso son etiquetas que le has puesto tú, no yo. Sólo responde a esta pregunta: ¿qué prefieres para tu vida?, ¿más sombra o menos?, ¿más sufrimiento o menos?, ¿menos luz o más?, ¿menos paz interior ante cada oportunidad de perturbación o más?*

—Lo segundo.

—Entonces, elimina tus etiquetas y practica el amor.

—Que una niña lea mejor o peor un texto en una boda es algo que no tiene importancia.

—Cierto, pero no sentir amor hacia ella, sí la tiene. Y sentir amor requiere practicarlo.

—[...]. OK. Vale. Te lo compro. Pero ¿cómo se hace eso?

—A través de dos canales... El primero es eligiendo sentir compasión hacia otros en lugar de juicio: «Quizá esta niña haya tenido algún problema de desarrollo. Quizá esté nerviosa». El segundo es dirigiendo tus sentimientos/emociones/pensamientos hacia la luz en lugar de hacia la sombra, a través de deseos que sólo anhelan el bien de otros: «Ojalá consiga superarlo antes de llegar a la adolescencia. A saber cuántos problemas le habrá causado no ser capaz de leer bien».

#88PeldañosGenteFeliz
El Éxito Interior no se demuestra en
los sucesos trascendentales que nos encontramos
una vez en la vida, sino en los intranscendentes
que nos encontramos a diario.
@Anxo

82. BIENVENIDO, MAESTRO

**Del roble aprendí a hacer una única cosa
cuando la vida te dé tanto sol, como lluvia,
como viento, como nieve:
seguir creciendo.**

Cada vez que un instructor te corrige algo que haces mal, tú recibes una crítica a tu forma de actuar. La crítica no te gusta, pero gracias a ella mejoras y creces. Tras pasar por este proceso varias veces, descubres un principio de una enorme importancia: tu nivel de crecimiento (aquello que te gusta más) es perfectamente proporcional a tu grado de aceptación de críticas (aquello que te gusta menos). Por tanto, cada vez que se acerca tu instructor tienes dos opciones. Una es atenazarte porque sabes que estás a punto de recibir una crítica. La otra es alegrarte porque sabes que estás a punto de recibir un crecimiento. Con el ejemplo del instructor, la mayor parte de nosotros podemos hacer lo segundo. Sin embargo cuando este ejemplo lo trasladamos a la vida real, eso cambia.

Imagínate que la vida te da un revés. La mayoría nos centramos en la parte que no nos gusta, esto es, el revés, y muy pocos en la parte que sí nos gusta y que se deriva de ello, esto es, el crecimiento. Y lo curioso es que no existe un solo revés que no pueda enseñarnos algo, por lo que podría decirse que cada revés siempre viene acompañado de un REGALO OCULTO: su enseñanza. De hecho, cuanto más nos duela el revés, más grande será el aprendizaje y por tanto el REGALO. ¿Por qué? Porque cuanto más rechacemos aquello que sucede, más necesitados estaremos de aprender y adquirir la capacidad de aceptación. ¿Y qué sucede cuando entrenamos la aceptación para convertirla en un enorme músculo? Reducimos el sufrimiento. Los que aceptan más, sufren menos; y los que aceptan menos, sufren más.

El tiempo que tardas en dejar de sufrir es exactamente igual al tiempo que tardas en aprender a aceptar.

Por tanto todos deberíamos trabajar nuestra capacidad de aceptación. ¿Cómo? Usando, cada vez que llegue un revés, estas dos palabras mágicas:

BIENVENIDO, MAESTRO.

Y repitiéndolas en nuestra mente incesantemente a modo de mantra. Al principio detestaremos las palabras de nuestra mente más que el revés de nuestra vida, pero con el tiempo se irán asentando en nuestro interior y tendrán un efecto apaciguador. Ese revés ha llegado a nuestra vida para algo, y ese algo no es otro que ser nuestro MAESTRO en esa área que no nos gusta, a fin de trabajar nuestra capacidad de aceptación. Es un REGALO OCULTO, ya que, gracias a él, vas a crecer. Mucho. ¿Por qué es tan importante trabajar la capacidad de aceptación en el presente?

Porque ése es un crecimiento que te protege de los reveses del futuro. ¿Te acaba de suceder algo a lo que tú llamas «terrible» y hacia lo que sientes mucho rechazo y poca aceptación? Entonces estás MUY necesitado de ese maestro y ese regalo, y por tanto te acompañará durante mucho tiempo. ¿Y qué pasa si lo aceptas rápido? Se irá rápido.

Sólo duele aquello que no se acepta.

—Anxo, entonces, ¿si alguien quiere hacerme daño, simplemente lo acepto y dejo que me lo haga?

Por supuesto que no. **Aceptación no es sinónimo de pasividad**. Aceptación implica hacer un enorme esfuerzo a nivel interior. Pasividad implica no hacer nada a nivel exterior. Y por supuesto, lo correcto es lo primero. Tú trabajas en aceptar la situación, pero no en fomentarla. Si alguien te quiere hacer daño, desde luego que debes protegerte. La aceptación sólo se aplica a aquello sobre lo que no puedas hacer nada; pero protegerte es algo por lo que puedes hacer mucho.

Imagínate que tu bebé juega con un encendedor y acaba prendiéndole fuego a tu casa. Tú tendrás que trabajar la aceptación hacia la pérdida de tu casa, ya que es algo que ya no puedes controlar, pero por supuesto que no debes fomentar que el bebé acceda de nuevo al encendedor, sino que debes retirarlo de su alcance. Aceptas lo que no puedes controlar, pero actúas con lo que sí.

Si has olvidado la fórmula que te di en el Peldaño 16, aquí va una segunda oportunidad para que esta vez le saques una foto:

#88PeldañosGenteFeliz
Trabaja para aceptar lo pasado,
actúa para evitar lo futuro.
@Anxo

83. CÓMO TRASCENDER LA TRISTEZA

En la Introducción hice alusión al hecho de que durante la escritura de *Los 88 Peldaños de la Gente Feliz*, sin yo buscarlo, he pasado por un proceso evolutivo muy elevado, el cual me ha permitido dar un salto en mi Éxito Interior mayor a todos los experimentados previamente. La transformación fue tan considerable que tuve que reescribir por completo muchos de los Peldaños escritos con anterioridad a ese salto. Éste es uno de ellos. Su versión anterior daba 15 trucos para calmar la tristeza. Los 15 eran buenísimos salvo por un motivo. Eran «aspirinas». En lugar de resolver la enfermedad, resolvían los síntomas. Representaban las 15 aspirinas mejores del mundo (por supuesto, exagero), pero hoy ya puedo dejar de darte aspirinas para tu dolor de cabeza, y hablarte de cómo eliminar lo que lo provoca. El Peldaño que estás a punto de leer, fruto de mi nuevo yo, no te dará la fórmula para conseguir luchar contra la tristeza, sino para conseguir trascenderla.

[Si quieres leer el Peldaño que nunca llegué a publicar, lo he incluido en el contenido de regalo que acompaña este libro. Accede entrando a este enlace: www.88peldaños.com].

La tristeza, al igual que la ira o la frustración, es un tentáculo del ego. ¿Por qué? Porque parte de tu resistencia a aceptar aquello que la vida te da y que tú no puedes controlar. Surge como resultado de rechazar algo que no deseas que suceda. Ese rechazo por parte de tu mente a ese suceso incontrolable para ti es lo que desemboca en tristeza.

La pregunta es: ¿CÓMO AFRONTAR Y TRASCENDER LA TRISTEZA?

El primer paso consiste en IDENTIFICARLA. Pregúntate qué sientes. Frena y haz el ejercicio de ser consciente de esa sensación. El segundo consiste en OBSERVARLA. Al observarla es como si tomaras la sensación de tristeza y la empaquetases en una caja viéndola tú desde fuera. Esto te permite no sentirla como tuya, sino como algo ajeno a ti y que no te pertenece, dado que procede de tu ego (que no eres tú) y no de tu esencia (que sí eres tú). El tercero es ACEPTARLA. Si observas la tristeza igual que un espectador observa un combate de boxeo, sin saltar al ring y sin entrar a pelear, estás permitiendo que siga su curso, que sencillamente exista. Esto es de un poder enorme, ya que te permite aceptarla sin enjuiciarla como buena o mala. No es ni buena ni mala. Simplemente ES. Si en este proceso, que lleva práctica, consigues llegar a ese punto de desarrollo interior en el que logras no enjuiciar la tristeza, sino sólo dejarla EXISTIR, permitiendo que simplemente SEA, siendo así capaz de ACEPTARLA, verás que eso conlleva un resultado mágico: la tristeza acaba disipándose y tú acabas TRASCENDIÉNDOLA.

Sólo existe una única cosa en el mundo capaz de generar tristeza, y no es ni la muerte, ni las enfermedades, ni las tragedias. Es... tu propia mente.

Si te fijas, todos los pasos anteriores tienen como misión eliminar el ruido de tu mente. ¿Por qué? Porque no existe un solo sufrimiento que no proceda de ella.

Hay dos preguntas que puedes formularte durante este proceso: el POR QUÉ y el PARA QUÉ (por qué sucede esto que me causa tristeza y para qué sucede). Hacer uso del POR QUÉ es centrarte en el pasado, ya que es preguntar por las causas que han provocado esta situación, pero el pasado vale poco, ya que es algo que está fuera de tu control. El POR QUÉ, en este caso, te perjudica. Contrariamente, hacer uso del PARA QUÉ es centrarte en el futuro, y eso sí está dentro de tu control. El PARA QUÉ te beneficia. Por tanto, no preguntes POR QUÉ ha venido esta tristeza. Pregunta mejor PARA QUÉ ha venido esta tristeza. Y la respuesta siempre será ésta: «Para permitirme crecer». ¿Siempre? Sí, siempre.

#88PeldañosGenteFeliz
Por cada perjuicio que se ve,
existe un beneficio que no se ve.
@Anxo

Entender esto te llevará a hacer que la tristeza ya no sea tu enemigo, sino tu regalo, el mismo que detallaba el Peldaño anterior: un regalo en forma de maestro.

**No se crece en la felicidad,
sino durante la tristeza.**

---

84. LA VOZ INTERIOR

Cuida lo que te dices y cuidarás cómo te sientes.

Si quieres ser más feliz, presta mucha atención a las siguientes cuatro palabras, porque encierran uno de los principales secretos:

DOMESTICA TU VOZ INTERIOR.

El mayor dolor no lo provoca la situación que atraviesas, sino todo lo que tu voz interior te dice con respecto a ella. Anótate estos tres consejos:

- Cambia el «¿qué va a ser de mí?» por «si he salido de todas las anteriores, no hay motivo por el que no vaya a salir de ésta».
- Cambia el «no podré superarlo» por «no soy el primero que pasa por este dolor; y si otros lo han superado, yo también lo haré».

- Cambia el «he perdido la esperanza» por «me está nublando la tristeza; y si todas las tormentas pasan, todas las tristezas también».

—*Anxo, ¿mi voz interior es mi Bolsa Negra?*
—*Todo lo que va en contra de la vida es destructivo, y todo lo que destruye (en lugar de construir) es Bolsa Negra.*
—*¿Siempre?*
—*Siempre. De ahí que sea tan importante acallarlo.*

Lo que por tu lengua sale acaba moldeando lo que tu cerebro piensa y termina decidiendo lo que tu alma siente.

Hay algo interesantísimo dentro del Peldaño anterior que espero que no hayas pasado por alto. En su día me abrió los ojos a mí, y espero que también te los haya abierto a ti. Es el hecho de que sólo la mente, y absolutamente nada más, produce tristeza. Y sin embargo, si hiciésemos una encuesta, casi todos los encuestados citarían todo tipo de causas excepto ésa. Cuando das con la causa real del problema, toda la estrategia cambia para predisponerse a resolverla. ¿Qué significa esto en la práctica? Que si el causante número uno de la infelicidad es la mente y esta se nutre de todo lo que tú le cuentas mediante tu voz interior, entonces toda la estrategia que emplees en ser feliz debe pasar necesariamente por este ciclo de tres pasos, cada uno fruto del anterior: 1. Voz interior POSITIVA. → 2. Mente POSITIVA → 3. Estado de bienestar POSITIVO.

Si entrenamos nuestros hábitos como herramienta para ser más productivos, nuestros modales como herramienta para ser más educados y el intelecto como herramienta para ser más agudos, entonces, ¿por qué no entrenamos la voz interior como herramienta para ser más felices? Si sometemos a nuestros cuerpos a sesiones de ejercicio escuchando deliberadamente el premio e ignorando la pereza, sometamos a nuestra voz interior a sesiones de domesticación escuchando deliberadamente lo que nos edifica y desoyendo lo que no.

—*Anxo, ¿y si no me sale de forma natural?*
—*Hazlo de forma ¡antinatural! Que sea natural o no es absolutamente irrelevante. Ningún entrenamiento es natural al principio.*

Si sólo te quedas con un enriquecimiento de este Peldaño, que sea éste:

#88PeldañosGenteFeliz
Todos llevamos un ganador y un perdedor dentro. Tú decides a cuál escuchas.
@Anxo

85. 10 REFLEXIONES PARA SUPERAR LA AMARGURA

Este Peldaño se ha escrito para ser leído de forma lenta, reflexionando mucho y avanzando poco, y para ser usado en dos tipos de situaciones: cuando te veas sumido en la amargura tú y cuando veas sumido en la amargura a otro. Empápate de él cuando sea tu caso, y recomiéndaselo a otro cuando no.

Aquí van. Diez recomendaciones emparejadas con diez reflexiones en forma de máximas para superar la amargura, empezando por la décima y acabando en la primera.

10. Celebra más. Lamenta menos.

Elige no lamentar lo malo aunque sea relevante. Escoge no ignorar lo bueno aunque sea intranscendente.

---

9. Convierte cada queja en un agradecimiento.

No seas como aquel que al encontrarse lingotes de oro en un cofre de hierro se queja del hierro en lugar de agradecer el oro.

---

8. Todo lo malo tiene ventajas, igual que todo lo bueno tiene desventajas. Céntrate en encontrar las primeras.

   Por ejemplo:

Cuanto más amargo es el camino, más dulce es el destino.

---

7. Concibe cada día nuevo como un folio en blanco.

El primer minuto del día tiene un poder insuperable: el de borrar todo lo anterior y concederte una nueva oportunidad.

---

6. Respira hondo, practica la rendición y entrega el deseo de control.

Lo que duele no es que suceda algo malo, sino el deseo de querer cambiarlo.

Si quieres eliminar el dolor, tan sólo suelta el deseo.

5. Entrena tu consciencia.

Mientras atraviesas un período duro, haz el esfuerzo consciente de no decirle a tu mente: «¡Cuánto sufro!». Mejor dile: «¡Cuánto aprendo!».

**Superar la amargura no es fruto del azar,
sino fruto de la estrategia.**

---

4. La amargura es un lastre. Pero no un freno.

**Aprende de la vela para avanzar incluso
con el viento en contra.**

---

3. Cuando sientas que no tienes fuerzas para dar un paso, da dos.

**Da más miedo el océano desde la orilla
que desde el océano.**

---

2. Pelearse contra una situación complicada la perpetúa. Aceptarla la contiene.

**Muchas veces lo que te impide flotar
no es no saber nadar, sino tu desesperación
por no hundirte.**

---

1. Es posible elegir qué decir. Pero también qué pensar.

#88PeldañosGenteFeliz
Ten una memoria buenísima para las veces que te hagan reír y terrible para las que te hagan llorar.
@Anxo

86. EL ABUELO

No permitas que un solo grano de arena negra te haga creer que la playa no es blanca.

—Marco, ¿te pasa algo?

—No es nada, abuelo.

—Venga hombre. Es obvio que algo sucede.

(Silencio.)

—¿Te puedo realizar una pregunta importante para mí?

La pregunta descoloca al nieto y éste alza la vista con curiosidad.

—¿Confías en mí plenamente?

—Claro, abuelo.

—Me gustaría que la demostración de esa confianza fuese que te abrieras a mí y me contaras qué te está haciendo estar cabizbajo.

Marco suspira, coloca sus codos sobre sus rodillas, deja descansar su cara sobre sus manos y tras unos segundos que parecieron minutos, revela su secreto.

—Hoy creo que la profesora no tuvo un buen día. Llegó a clase refunfuñando, y luego se enfadó con varios de nosotros. Me sacó a la pizarra y alzando la voz me dijo que soy un inútil y que nunca llegaré a nada en la vida.

—Vaya. Cuánto lo lamento.

El nieto vuelve a suspirar y hace ademán de sollozar, pero las palabras del abuelo lo detienen justo cuando su labio superior empezaba a temblar.

—¿Cómo de dolorosas han sido esas palabras?

—Mucho. No te haces una idea...

—¿Consideras que tienen fundamento?

—Si las ha dicho la profesora deben de tenerlo. Por algo es la profesora.

—Entiendo. ¿Alguna vez alguien más te ha dicho que eres un inútil?

—No. Nadie.

—Perfecto. Entonces avísame cuando estés listo para la lección final, y cuando lo estés, la compartiré contigo.

Marco vuelve a posar su vista en los ojos del abuelo y con rostro confuso pero lleno de curiosidad pronuncia un endeble: «Lo estoy».

—Prométeme que, cuando te lo diga, sólo harás una cosa. En lugar de pensar en aquello que quieres contestarme tú, te quedarás en silencio pensando tan sólo en aquello que he compartido contigo.

Cinco segundos. Diez segundos...

—Prometido.

—Querido nieto, la vida te acaba de regalar una gran lección, la cual espero que te acompañe durante el resto de tu vida. ¿Quieres oírla?

—Sí.

—La cuestión no es si esa persona te ha tildado de inútil o no, ya que sus palabras ya son una realidad. La pregunta no es qué opina o no tu profesora, sino lo que hace tu mente con esa opinión. Observa mis labios e intenta con todas tus fuerzas no olvi-

dar nunca las palabras que están a punto de pronunciar, ya que ellas encierran el principio más revolucionario para tu fortaleza interior:

#88PeldañosGenteFeliz
No existe una sola frase con el poder para cortar tus alas. Lo único que las corta es tu propia mente... al creérsela.
@Anxo

87. LA PERFECCIÓN

—Anxo, dado que el ego tiene un enorme poder, ¿no es demasiado difícil conquistarlo? ¿Cómo no sentir frustración cuando no consigues lo que quieres, impaciencia cuando algo se hace eterno, envidia cuando te superan, rabia cuando te insultan, rencor cuando te traicionan?

Si tu objetivo es conquistar todo eso y además conseguirlo ya, entonces sí es demasiado difícil. Pero yo tengo otro objetivo para ti que te va a liberar de toda esa presión.

No tienes que alcanzar la perfección. Sólo tienes que acercarte un paso.

Es muy diferente buscar alcanzar la perfección que buscar aproximarse. Lo primero conduce a la frustración. Lo segundo conduce a la excelencia. Por tanto, si vives con el objetivo de conquistar el cien por cien de tu Bolsa Negra, a fin de que nunca nada de lo que sucede fuera te afecte dentro, lo más probable es que tu vida sea un fracaso, ya que eso representa la perfección. Pero cuando el objetivo es tan sólo dar pasos en esa dirección, toda tu vida puede ser un éxito, ya que avanzar un paso cada día sí es algo factible. Por tanto, éste va a ser el primer objetivo: no que no te afecte nunca nada, sino que cada día te afecte todo... un poquito menos.

No existirá un solo año en que puedas alcanzar la perfección, pero tampoco un solo día en que no puedas acercarte a ella.

Cuando lo ves de esta otra manera, ya puedes fallar todo lo que quieras, dado que no te exiges conquistar todo tu ego, sino tan sólo conquistarlo... un poco más. Gran diferencia.

Verlo así implica que hay una parte que no vas a conquistar (de momento), o sea, que vas a fallar. ¿Y qué sucederá cada vez que falles? Que querrás echártelo en cara. En ese momento, recuerda que ése no eres tú, sino tu ego. Fíjate qué curioso: tu ego te quiere hacer sentir mal por haber sucumbido a tu ego. ¿No te parece paradójico? No cedas a esa tentación, ya que hacerlo es concederle no una victoria, sino dos: la del error y la de la culpa. Es tu propio ego quien quiere que, cada vez que falles, te frustres y te lo recrimines. Pero como estarás justo en el proceso de conquistarlo, y sobre todo de desenmascararlo, tú podrás reconocer que está actuando sobre ti, y con tan sólo ese hecho ya habrás desmontado su poder. Y al reconocer que quien quiere ser duro contigo no eres tú, sino tu ego, tendrás una posibilidad de poner en marcha la mejor de las prácticas: el auto-perdón.

—Y ¿cómo se hace eso?

Simplemente reconociendo que sucumbiste a tu deseo de enfadarte, sentir orgullo o enjuiciar a alguien y... desdramatizándolo, a lo mejor incluso usando el humor, sonriendo: «Uy, creo que he perdido esa batalla. No pasa nada. En breve mi Bolsa Negra, que es muy pícara, estará acechando de nuevo y tendré una nueva oportunidad de no dejar que me controle». El drama es uno de los mayores tentáculos del ego.

—*Anxo, es que no es sólo cuestión de auto perdonarme. Hay ciertos tentáculos del ego que directamente son imposibles para mí de conquistar, como por ejemplo la amargura por perder a alguien que amas.*

Cuando pierdes a un ser querido y te sumes en un mar de lágrimas, eso es normal para Belts inferiores, pero el día que alcanzas un Belt alto de Éxito Interior, esa amargura que procede del miedo a afrontar esa nueva etapa da paso a un reconocimiento de la pérdida de ese ser querido pero ya no desde el miedo (Bolsa Negra), sino desde la paz (Bolsa Blanca). La pena que sientes, la tristeza, todo es el deseo de tu ego de no aceptar cosas que no puedes controlar. «Este cáncer no tenía que haber venido», dices, rebelándote con furor. Pero ¿quién eres tú para determinar lo que sucede en la vida de las personas y lo que no? ¿El máster del universo? No hemos venido a esta vida a moldearla a nuestro antojo, sino a aprender de CADA COSA que ella decida ofrecernos.

La pena es un auto-sabotaje, causa sufrimiento, pero por supuesto no viene de ti. Viene de tu Bolsa Negra. Toda pena o tristeza es mental. Sin embargo, llegar hasta un Belt de evolución que te permita conquistarla hasta el punto de que no te afecte es algo que lleva mucho tiempo. Por eso te recomiendo que releas este libro muchas veces. Te prometo que CADA VEZ que lo hagas estarás subiendo de Belt en tu Éxito Interior. Así que, cada vez que sientas que el ego te lanza un reto y tú pierdes la batalla, simplemente entiende que lo más probable es que esa batalla sea un reto de Belt alto, esto es, superior a tu Belt actual. Pero... (atento a esto) sólo se puede superar un reto de Belt 6 desde un Belt 6 o uno de Belt 8 desde un Belt 8. Cada batalla de un cierto Belt sólo puede afrontarse alcanzando primero ese mismo Belt. Entender esto te ayudará mucho a desdramatizar tus batallas perdidas contra el ego y seguir buscando crecer. Igual que un piloto de avionetas no está preparado para pilotar un Boeing 747 y no se fustiga por ello, tú todavía no estás preparado para superar los retos más duros del ego, pero recuerda esto: cada hora que inviertes en crecer te hace estar una hora más cerca de la solución. Siempre.

Cuanto más tiempo dedicas a reflexionar sobre un tentáculo del ego... más lo conquistas. Así que... ¡Ánimo!

#88PeldañosGenteFeliz
Cada día que avanzas es un día que cuenta.
@Anxo

88. LOS DOS MAESTROS

Tras miles de millas caminando por prados y atravesando montañas, llegó el día. A lo lejos divisó el templo alzándose majestuoso sobre el desierto. Unos pasos más y por fin estaría cumpliendo su sueño de poder reunirse con el Sabio Ling.

—Sabio, me llamo Samuel, y he llegado hasta usted desde un país lejano. He leído sus libros y me ha cautivado su sabiduría. Admiro lo que sabe, y sería un sueño para mí poder aprender de todo el conocimiento que alberga su cerebro. ¿Cómo ha aprendido tanto?

—En mi vida he tenido dos maestros. Uno fue mi padre y el otro mi padrastro, ambos ya fallecidos. Con mi padre compartí la primera parte de mi vida. Con mi padrastro, la segunda.

El joven Samuel lo escuchaba con total atención mientras el sabio proseguía con su relato.

—Desde que mi padre era niño, consiguió trabajarse para que todo su interior estuviese lleno de amor. Mi padrastro, por el contrario, lo tenía lleno de rabia. Nadie puede dar más que de aquello que tiene, por lo que las acciones de mi padre, que partían del amor, eran acciones con amor. Las de mi padrastro partían de la rabia, y por tanto eran acciones con rabia.

—¿Y dice que ambos fueron sus maestros?

—Así es.

—¿Por igual?

—Sí.

—¿Cómo puede ser que una persona llena de rabia le enseñe tanto como una persona llena de amor?

—Porque el segundo me enseñaba todo lo que yo quería ser, y el primero… todo lo que no.

El sabio se acomodó en su asiento y comenzó a relatar lo que se convertiría en la mayor lección en la vida de Samuel a través de las píldoras de sabiduría que había obtenido de sus DOS MAESTROS.

Aprendí que todo pájaro que nace enjaulado cree que volar es de locos. Y que, curiosamente, el lugar más peligroso para un ave es su propio nido, ya que es el único sitio donde nada sucede. Aprendí que no debes buscar el éxito para ser feliz, sino que debes buscar ser feliz, y eso será tu éxito. Aprendí que por cada persona dispuesta a inflar un globo hay mil dispuestas a pincharlo. Y que aun así deberíamos inflar no un globo, sino mil. Aprendí que no envejeces el día que pruebas cosas nuevas, sino el día que decides dejar de probarlas. Y que nunca se es demasiado viejo para fijar un objetivo nuevo ni demasiado joven para empezar a conquistarlo. Aprendí que hay una cosa que pesa más que hacer y fracasar: no hacer y lamentarse. Y que no hay que buscar cómo cambiar el pasado, sino cómo crecer gracias a él. Aprendí que no es valiente el que salta sin tener miedo, sino el que salta a pesar de tenerlo. Y que mil días que te quedas en la orilla analizando el océano valen menos que un solo día en que te echas a la mar. Aprendí que un camino con derrotas es una escuela de victorias. Y que cada fracaso es un paquete con un lazo, dentro del cual se esconde una enseñanza con tu nombre. Aprendí que no hay que trabajar tan poco que no te llegue para vivir, pero tampoco tanto que vivas para trabajar. Y que si la vida te sonríe con

dinero, ganas más no cuando lo usas para agrandar tu casa, sino cuando lo usas para aumentar tu huella. Aprendí que las grandes personas son aquellas que, aun sabiendo que es su último día en la Tierra, deciden plantar un árbol. Y que no es ciego quien no ve, sino aquel que, aun pudiendo ver, decide no mirar. Aprendí que no hay nada más bonito que que no te llegue el tiempo que pasas con la persona que pasas más. Y que el amor o el talento son como las plantas: no es que hayas dejado de tenerlos, es que has dejado de regarlos. Aprendí que el día que pierdes tu parte humana tal vez no pierdas el éxito, pero dejará de valer la pena. Y que la vida es como un espejo...
Cada vez que le regalas tu sonrisa, te la devuelve.
@Anxo

(Si has visto valor al Peldaño, te invito a que lo fotografíes y lo compartas.)

IMPORTANTE

Ha llegado el momento de medir el impacto que el libro ha tenido en ti (si es que te has concentrado en interiorizarlo). Haz este test para averiguar, entre el Belt 1 y el Belt 8, en qué Belt del Éxito Interior te encuentras tú en estos momentos.

Si no has realizado ningún test previamente, haz éste:

www.anxoperez.com/test

Si ya has realizado ese test cuando apareció al principio del libro, haz este otro y compara los resultados:

www.anxoperez.com/test2

Si consideras que te ha salido un Belt demasiado bajo, no te preocupes. Vuelve a leer este libro aplicando toda la intención posible a la interiorización de cada uno de sus Peldaños y verás que sucederá algo mágico: cada vez que relees el libro...

...subes de Belt.

No me creas. Compruébalo tú. ☺

Anxo Pérez

TU TOP 10 DE MÁXIMAS

Bienvenido al final de la Escalera 3 de la colección «88 Peldaños». Confío en que desde esta altura, a 88 peldaños del suelo, notes el éxito más a tu alcance, y que, al mirar hacia abajo, te deslumbre el resplandor de tus Peldaños de Oro. Te recomiendo que vuelvas a la primera página del libro, y los escribas en la sección DEDICATORIA, para regalárselos a aquella persona en quien pensaste mientras los leías. Si prefieres no dedicarlos y guardarlos para ti, adelante. Regálatelos, pero anótalos en esa misma página de DEDICATORIA.

Llegados a este punto, te invito a que plantes aquí las 10 primeras semillas de tu éxito: tu top 10 de las máximas (frases destacadas) que más te han impactado, siendo la número 1 tu máxima de oro.

10 ....

9 ....

8 ....

7 ....

6 ....

5 ....
4 ....
3 ....
2 ....

TU MÁXIMA DE ORO:

1 ....

INCONFÓRMATE con los 88 Peldaños, y accede al resto de la Escalera del Éxito:

www.anxoperez.com
www.twitter.com/anxo
www.facebook.com/anxo8Belts
www.instagram.com/anxo8Belts

AGRADECIMIENTOS

Este libro sólo podría estar dedicado a ti. Sin ti no hubiera sido posible. Te amo, Vir.

La lectura de «Los 88 Peldaños del Éxito» te enseñará, entre otras cosas:

- **La fórmula del pentágono mágico para la fijación de objetivos**
- **El binomio del éxito (para alcanzar y mantener el éxito)**
- **El secreto para tener equilibrio en la vida**
- **Cómo aplicar el poder de la empatía estratégica**
- **La teoría de la cara de Gandhi (para revolucionar la forma de aprender)**
- **Un truco para eliminar la preocupación**
- **Cómo conseguir trabajo. Cómo conseguir clientes (de forma brillante)**
- **Cómo ser un buscavidas en todo**
- **La fórmula de la excelencia**

#Los88PeldañosDelÉxito

La lectura de «La Inteligencia del Éxito» te enseñará, entre otras cosas:

- Un truco para revolucionar tu memoria
- Una táctica ingeniosa para conseguir empleo
- Cómo montar una empresa de forma inteligente
- Un Peldaño para ser mejor padre
- Cómo descubrir tus pozos de petróleo
- A superar los días negros
- Cómo negociar con inteligencia del éxito
- A revolucionar la forma en la que te comunicas
- Cuál es el decálogo del desamor
- Las 4 áreas que diferencian a la gente de mayor éxito

#LaInteligenciaDelÉxito